# Voltaire

# Le fanatisme

*tragédie*

1742

© 2025, Voltaire (domaine public)
Édition : BoD · Books on Demand, 31 avenue Saint-Rémy,
57600 Forbach, bod@bod.fr
Impression : Libri Plureos GmbH, Friedensallee 273,
22763 Hamburg (Allemagne)
ISBN : 978-2-8106-2855-1
Dépôt légal : Mai 2025

# Voltaire

## 1742

# Le fanatisme

*tragédie*

```
AVIS DE L'ÉDITEUR . . . . . . . . . . . . . . . . .      i
[Dédicace] . . . . . . . . . . . . . . . . . . . . .      v
LETTRE de l'AUTEUR à Mr. DE S*** . . . . . . . .         xi
ACTE I . . . . . . . . . . . . . . . . . . . . . . .    1
    SCÈNE I. . . . . . . . . . . . . . . . . . . .      3
    SCÈNE II. . . . . . . . . . . . . . . . . . . .     7
    SCÈNE III. . . . . . . . . . . . . . . . . . . .   11
    SCÈNE IV. . . . . . . . . . . . . . . . . . . .    13
ACTE II . . . . . . . . . . . . . . . . . . . . . . .  19
    SCÈNE I. . . . . . . . . . . . . . . . . . . .     21
    SCÈNE II. . . . . . . . . . . . . . . . . . . .    25
    SCÈNE III. . . . . . . . . . . . . . . . . . . .   27
    SCÈNE IV. . . . . . . . . . . . . . . . . . . .    29
    SCÈNE V. . . . . . . . . . . . . . . . . . . .     33
    SCÈNE VI. . . . . . . . . . . . . . . . . . . .    39
ACTE III . . . . . . . . . . . . . . . . . . . . . .   43
    SCÈNE I. . . . . . . . . . . . . . . . . . . .     45
    SCÈNE II. . . . . . . . . . . . . . . . . . . .    47
    SCÈNE III. . . . . . . . . . . . . . . . . . . .   49
    SCÈNE IV. . . . . . . . . . . . . . . . . . . .    53
```

| | |
|---|---|
| SCÈNE V. | 55 |
| SCÈNE VI. | 57 |
| SCÈNE VII. | 61 |
| SCÈNE VIII. | 63 |
| SCÈNE IX. | 67 |
| SCÈNE X. | 69 |
| SCÈNE XI. | 71 |
| **ACTE IV** | **73** |
| SCÈNE I. | 75 |
| SCÈNE II. | 77 |
| SCÈNE III. | 79 |
| SCÈNE IV. | 83 |
| SCÈNE V. | 89 |
| SCÈNE VI. | 93 |
| **ACTE V** | **95** |
| SCÈNE I. | 97 |
| SCÈNE II. | 99 |
| SCÈNE III. | 101 |
| SCÈNE IV. | 103 |

# AVIS DE L'ÉDITEUR

J'ai cru rendre service aux auteurs des Belles-Lettres de publier une tragédie du Fanatisme, si défigurée en France par deux éditions subreptices. Je sais très certainement qu'elle fut composée par l'auteur en 1736 [sic] ; et que dès lors il en envoya une copie au Prince Royal, depuis Roi de Prusse, qui cultivait les Lettres avec des succès surprenant, et qui en fait encore son délassement principal.

J'étais à Lille en 1741, quand Monsieur de Voltaire vint passer quelques jours ; il y avait le meilleure troupe d'acteurs qui ait jamais été en Province. Elle représenta cet ouvrage d'une manière qui satisfit beaucoup une très nombreuse assemblée ; le gouverneur de la Province et l'intendant y assistèrent plusieurs fois. On trouva que cette pièce était d'un goût si nouveau, et ce sujet si délicat parut traité avec tant de sagesse, que plusieurs prélats voulurent en voir une représentation par les mêmes acteurs dans une maison particulière. Ils en jugèrent comme le public.

L'auteur fut encore assez heureux pour faire parvenir son manuscrit entre les mains d'un des premiers hommes de l'Europe et de l'Église, qui soutient le poids des affaires avec fermeté, et qui juge des ouvrages d'esprit avec un goût très sûr dans un âge où les hommes parviennent rarement, et où l'on conserve encore plus rarement son esprit et sa délicatesse. Il dit que la pièce était écrite avec toute la circonspection convenable, et qu'on ne pouvait éviter plus sagement les écueils du sujet ; mais que pour ce qui regarde la poésie, il y avait encore des choses à corriger. Je sais en effet que l'auteur les a retouchées avec beaucoup de soin. Ce fut aussi le sentiment d'un homme qui tient le même rang, et qui n' pas moins de lumières.

Enfin, l'ouvrage approuvé d'ailleurs selon toutes les formes ordinaires, fut représenté à Paris le 9 août 1742. Il y avait une loge entière remplie des premiers magistrats de cette ville, des ministres même y furent présents. Ils pensèrent tous comme les hommes éclairés que j'ai déjà cités.

Il se trouva à cette premiàre représentation quelques personnes qui ne furent pas de ce sentiment unanime. Soit que, dans la rapidité de la représentation, ils n'eussent pas suivi assez le fil de l'ouvrage, soit qu'ils fussent peu accoutumés au théâtre, ils furent blessés que Mahomet ordonnât un meurtre, et se servit de sa religion pour encourager à l'assassinat un jeune homme qu'il fait l'instrument de son crime. Ces personnes, frappés de cette atrocité, ne firent pas assez réflexion qu'elle est donnée dans la pièce comme le plus horrible de tous les crimes, et que même il est moralement impossible qu'il puisse être donnée autrement. en un mot, il ne virent qu'un côté ; ce qui est le manière la plus ordinaire de se tromper. Ils avaient raison assurément d'être scandalisés, en ne considérant que ce côté qui les révoltait. Un peu plus d'attention les auraient aisément ramenés. Mais, dans la première chaleur de leur zèle, ils dirent que la pièce était un ouvrage très dangereux, fait pour former des Ravaillacs et es Jacques Cléments.

On est bien surpris d'un tel jugement, et ces messieurs l'on désavoué sans doute. Ce serait dire qu'Hermione enseigne à assassiner un roi, qu'Électre apprend à tuer sa mère, que Cléopâtre et Médée montrent à tuer leurs enfants ; ce serait dire qu'Harpagon forme des avares, le Joueur des joueurs, Tartufe des hypocrites. L'injustice même contre Mahomet serait bien plus grande que contre toutes les pièces ; car le crime du faux prophète y est mis dans un jour beaucoup plus odieux, que ne l'est aucun des vices et des dérèglements que toutes ces pièces représentent. C'est précisément contre les Ravaillacs, et les

Jacques Cléments que le pièce est composée ; ce qui a fait dire à un homme de beaucoup d'esprit, que si Mahomet avait été écrit d'Henri III et de Henri IV, cet ouvrage leur aurait sauvé la vie. Est-il possible qu'on ait pu faire un tel reproche à l'auteur de la Henriade ? Lui Qui a élevé sa voix si souvent dans ce poème et ailleurs, je ne dis pas seulement contre de tels attentats, mis contre toutes les maximes qui peuvent y coNduire.

J'avoue que plus j'ai lu les ouvrages de cet écrivain, plus je les ai trouvés caractérisés par l'amour du bine public ; il inspire partout l'horreur contre les emportements de la rébellion, de la persécution et du fanatisme. Y a-t-il un bon citoyen qui n'adopte toutes les maximes de la Henriade ? Ce poème ne fait-il pas aimer la véritable vertu ?

Mahomet me paraît écrit dans le même esprit, et je suis persuadé que ses plus grands ennemis en conviendront.

Il vit bientôt qu'il se formait contre lui un cabale dangereuse ; les plus ardents avaient parlé à des hommes en place, qui ne pouvant voir la représentation de la pièce devaient les en croire. l'illustre Molière, la gloire de le rance, s'est trouvé autrefois à peu près dans le même cas, lorsqu'on joua Tartufe ; il eut recours directement à Louis Le Grand, dont il était connu et aimé. L'autorité de ce monarque dissipa bientôt les interprétations sinistres qu'on donnait au Tartufe. Mais les temps sont différents ; la protection qu'on accorde à des arts tout nouveaux, ne peut pas être toujours la même, après que ces arts ont été longtemps cultivés. D'ailleurs tel Ariste n'est pas à porter d'obtenir ce qu'un autre a eu aisément. Il eût fallu des mouvements, des discussions, un nouvel examen. L'Auteur jugea plus à propos de retirer sa pièce lui-même, après la troisième représentation, attendant que le temps adoucit quelques esprits prévenus ; ce qui ne peut manquer d'arriver dans une nation aussi spirituelle et aussi éclairée que la française. On mit dans les nouvelles publiques que la tragédie de Mahomet avait été défendue par le gouvernement. Je puis assurer qu'il n'y a rien de plus faux. Non seulement il n'y a pas eu le moindre ordre donné à ce sujet ; mais il s'en faut beaucoup que les premières têtes de l'État, qui virent la représentation, aient varié un moment sur la sagesse qui règne dans cet ouvrage.

Quelques personnes ayant transcrit à la hâte plusieurs scènes aux représentations, et ayant eu un ou deux rôles des acteurs, en ont fabriqué les éditions qu'on été faites clandestinement. Il est aisé de voir à quel point elle diffèrent du véritable ouvrage, que je tiens de la main d'un homme irréprochable, ainsi que les autres pièces que je donne dans l'édition présente. La plus curieuse, à mon gré, est la lettre que l'auteur écrivit à sa Majesté la Roi de Prusse, lorsqu'il repassa par la Hollande, après être allé rendre ses respects à ce monarque. C'est dans de telles lettres, qui ne sont pas d'abord destinées à être publiques, qu'on voit les sentiments des hommes. Celle que j'ai eue encore d'un ami de feu Mr. de Sgravesande est de ce genre. J'espère qu'elle fera aux véritables philosophes le même plaisir qu'elle m'a fait.

À Amsterdam le 18 novembre 1742.

P.D.L.M.

# [Dédicace]

À VOTRE MAJESTÉ, le ROI DE PRUSSE, etc, etc, etc.

SIRE,

Je ressemble à présent aux pèlerins de la Mecque, qui tournent leurs yeux vers cette ville, après l'avoir quittée : je tourne les miens vers votre Cour. Mon cœur pénétré des bontés de VOTRE MAJESTÉ, ne connaît que la douleur de ne pouvoir vivre auprès d'Elle. Je prends la liberté de lui envoyer une nouvelle copie de cette tragédie de Mahomet de Mahomet, dont Elle a bien voulu, il y a déjà longtemps, voir les premières esquisses. C'est un tribut que je paye à l'Amateur des Arts, au Juge éclairé, surtout au philosophe, beaucoup plus au souverain.

VOTRE MAJESTÉ sait quel esprit m'animait en composant cet ouvrage. L'Amour du genre humain et l'horreur du fanatisme, deux vertus qui sont faites pour être toujours auprès de votre trône, ont conduits ma plume. J'ai toujours pensé que la tragédie ne doit pas être un simple spectacle, qui touche le cœur sans le corriger. Qu'importe au genre humain les passions et les malheurs d'une héros de l'Antiquité, s'ils ne servent pas à nous instruire ? On avoue que la comédie du Tartufe, ce chef-d'œuvre qu'aucune nation n'a égalé, a fait beaucoup de bien aux hommes en montrant l'hypocrisie dans toute sa laideur. Ne peut-on pas essayer d'attaquer dans une tragédie cette espèce d'imposture qui met en œuvre à la fois l'hypocrisie des uns et la fureur des autres ? Ne peut-on remonter jusqu'à ces anciens scélérats, fondateurs illustres de la superstition et du fanatisme, qui les premiers ont pris le couteau sur l'Autel, pour faire des victimes de ceux qui se refusaient d'être leurs disciples.

Ceux qui diront que les temps de ces crimes sont passés, qu'on ne verra plus de Barcochebas, de Mahomets, de Jeans de Leyde etc que les flammes des guerres de Religion sont éteintes, font, ce me semble, trop d'honneur à la nature humaine. Le même poison subsiste encore, quoique moins développé : cette peste, qui semble étouffée, reproduit de temps en temps des germes capables d'infecter le Terre. N'a-t-on pas vu de nos jours les prophètes de Cévennes tuer au nom de Dieu ceux de leur secte qui n'étaient pas soumis ?

L'action que j'ai peinte est atroce, et je ne sais si l'horreur a été plus loin sur aucun théâtre. C'est un jeune homme né avec de la vertu, qui, séduit pas son fanatisme, assassine un vieillard qui l'aime, et qui dans l'idée de servir Dieu, se rend coupable, sans le savoir, d'un parricide ; c'est un imposteur qui ordonne ce meurtre, et qui promet à l'assassin un inceste qui récompense.

J'avoue que c'est mettre l'horreur sur le théâtre ; et VOTRE MAJESTÉ est bien persuadée, qu'il ne faut pas que la tragédie consiste uniquement dans une déclaration d'amour, une jalousie et un mariage.

Nos historiens même nous apprennent des actions plus atroces que celle que j'ai inventée. Séide ne sait pas du moins que celui qu'il assassine est son père ; et quand il a porté le coup, il éprouve un repentir aussi grand que son crime. Mais Mézeray rapporte, qu'à Melun un père tua son fils de sa main pour sa religion, et n'en eut aucun repentir.

On connaît l'aventure des deux frères Diaz, dont l'"un était à Rome, et l'autre en Allemagne, dans les commencements des troubles excités par Luther. Barthélémi Diaz, apprenant à Rome que son frère donnait dans les opinions de Luther à Francfort, part de Rome dans le dessein de l'assassiner, arrive et l'assassine. J'ai lu dans Herrera, auteur espagnol, que ce Barthélémi Diaz risquait beaucoup par cette action ; mais que rien n'ébranle un homme d'honneur quand le probité le conduit.

Herrera, dans une religion toute sainte et toute ennemie de la cruauté, dans une religion qui enseigne à souffrir et non à se venger, était donc persuadé que la probité peut conduire à l'assassinat et au parricide ? Et on ne l'élèvera pas de tous côtés contre ces maximes infernales ?

Ce sont ces maximes qui mirent le poignard à la main de ce monstre qui priva la France de Henri le Grand : voilà ce qui plaça le portait de Jacques Clément sur l'Autel, et son nom parmi les Bienheureux ; c'est ce qui coûta la vie à Guillaume Prince d'Orange, fondateur de la liberté et de la grandeur des Hollandais. D'abord Salcède le blessa au front d'un coup de pistolet ; et Strada raconte que Salcède (ce sont ses propres mots) n'osa entreprendre cette action, qu'après avoir purifié son âme par la confession aux pieds d'un Dominicain, et l'avoir fortifiée par le Pain Céleste. Herrera dit quelque chose de plus insensé et de plus atroce.

Estando firme con el exemplo de nuestro Salvador Jesu Christo y de su Sanctos.

Barthalzar Girard, qui ôta enfin la vie à ce grand homme, en usa de même qu'avec Salcède.

Je remarque que tous ceux qui ont commis de bonne foi de pareils crimes, étaient des jeunes gens comme Séide. Balthazar Girard avait environ vingt années. Quatre espagnols, qui avaient fait avec lui serment de tuer le Prince, étaient de même âge. Le Monstre de Henri III, n'avait que vingt trois ans. Poltrot, qui assassina le Duc de Guise, en avait vingt-cinq ; c'est le temps de la séduction et de la fureur.

J'ai été presque témoin en Angleterre de ce que peut sur une imagination jeune et faible la force du fanatisme. Un enfant de seize ans, nommé Shepherd, se chargea d'assassisner le roi George I, votre aïeul maternel. Quelle était le cause qui le portait à cette frénésie ? C'était uniquement que Shepard n'était pas de la même religion que le Roi. On eut pitié de sa jeunesse, on lui offrit la grâce, on le sollicita longtemps au repentir ; il persista toujours à dire, qu'il valait mieux obéir à Dieu qu'aux hommes ; et que s'il était libre, le premier usage qu'il ferait de la liberté, serait de tuer son Prince. Ainsi on fut obligé de l'envoyer au supplice, comme un monstre qu'on désespérait d'apprivoiser.

J'ose dire, que quiconque a un peu vécu avec les hommes, a pu voir quelque fois combien aisément on est prêt à sacrifier la Nature à la Superstition. Que de pères ont détesté et déshérité leurs enfants ! Que de Frères ont poursuivi leurs frères par ce funeste principe ! J'en ai vu des exemples dans plus d'une famille.

Si la superstition ne se signale pas toujours par ces excès qui sont comptés dans l'histoire des crimes, elle fait dans la société tous les petits maux innombrables et journaliers qu'elle peut faire. Elle désunit les amis ; elle divise les parents ; elle persécute le sage qui n'est qu'homme de bien par la main du fou qui est enthousiaste. Elle ne donne pas toujours de la ciguë à Socrate, mais elle bannit Descartes d'un ville qui devait être l'asile de la liberté ; elle donne à Julie un qui faisait le prophète, assez de crédit pour réduire à la pauvreté les savants et le philosophe Bayle. Elle bannit, elle arrache à une florissante jeunesse qui court à ses leçons le successeur du grand Leibniz, et il faut pour le rétablir que le Ciel fasse naître un roi-philosophe ; vrai miracle qu'il fait bien rarement. en vain la raison humaine se perfectionne par la philosophie, qui fait tant de progrès en Europe ; en vain, vous surtout, Grand-Prince, vous efforcez-cous de pratiquer et d'inspirer cette philosophie si humaine ; on voit dans ce même siècle où la raison élève de son trône d'un côté, le plus absurde fanatisme dresser contre ses autels de l'autre.

[Dédicace]

On pourra me reprocher, que, donnant trop dans mon zèle, je fais commettre dans cette pièce un crime à Mahomet, dont en effet il ne fut point coupable.

Monsieur le Comte de Boulainvilliers écrivit, il y a quelques années, la vie de ce prophète. Il essaya de le faire passer pour un grand homme, que la providence avait choisi pour punir les chrétiens, et pour changer la face d'une partie du monde.

Monsieur Sale, qui nous a donné une excellente version de l'Alcorant en anglais„ veut faire regarder Mahomet comme un numa et comme un Thésée. J'avoue qu'il faudrait le respecter, si né prince légitime, ou appelé au gouvernement par le suffrage des siens, il avaient donné des lois paisibles comme Numa, ou défendu des compatriotes, comme on le dit de Thésée. Mais qu'un marchand de chameaux excite un sédition dans sa bourgade ; qu'associé à quelques malheureux Coracites, il leur persuade qu'il s'entretient avec l'ange Gabriel ; qu'il se vante d'avoir été ravi au ciel, et d'y avoir reçu une partie de ce livre intelligible, qui fait frémir le sens commun à chaque page ; que pour faire respecter ce livre il porte dans sa patrie le fer et la flamme ; qu'il égorge les pères, qu'il ravisse les filles ; qu'il donne aux vaincus le choix de sa religion ou de la mort ; c'est assurément ce que nul homme ne peut excuser, à moins qu'il ne soit né Turc, et que la superstition n'étouffe en lui toute lumière naturelle.

Je sais que Mahomet n'a pas tramé précisément l'espèce de trahison qui fait le sujet de cette tragédie. L'Histoire dit seulement qu'il enleva la femme de Séide, l'un de ses disciples, et qu'il persécuta Abusofian, que je nomme Zopire ; mais quiconque fait la guerre à son pays, et ose la faire au nom de Dieu, n'est-il pas capable de tout ? Je n'ai pas prétendu mettre seulement une action vraie sur la scène, mais des mœurs vraies, faire penser les hommes comme ils pensent dans les circonstances où ils se trouvent, et représenter enfin ce que la fourberie peut inventer de plus atroce, et ce que le Fanatisme peut exécuter de plus horrible. Mahomet n'est ici autre chose que Tartufe les armes à la main.

Je me croirai bien récompensé de mon travail, si quelqu'une de ces âmes faibles, toujours prêtes à recevoir les impressions 'une fureur étrangère qui n'est pas au fond de leur cœur, peut s'affermir contre ces funestes séductions par la lecture de cet ouvrage ; si après avoir eu en horreur le malheureuse obéissance de Séide, elle sit dit à elle-même, pourquoi obéirais-je à des aveugles qui me drient : Haïssez, persécutez, perdez celui qui est assez téméraire pour n'être pas de notre avis sur des choses mêmes indifférentes que nous n'entendons pas ?

ue ne puis-je servir à déraciner de tels sentiments chez es hommes ! L'esprit d'indulgence ferait des frères, celui d'intolérance peut former des monstres.

C'est ainsi que pense VOTRE MAJESTÉ. Ce serait pour moi la plus grande des consolations de vivre auprès de ce Roi-Philosophe. Mon attachement est égal à mes regrets ; et si d'autres devoirs m'entraînent, ils n'effaceront jamais de mon cœur les sentiments que je dois à ce prince, qui pense et qui parle ne homme qui fuit cette fausse gravité sous laquelle se cachent la petitesse et l'ignorance, que se communique avec liberté, parce qu'il ne craint point d'être pénétré ; qui veut toujours s'instruire, et qui peut instruire les plus éclairés.

Je serai toute ma vie avec le plus profond respect et le plus vive reconnaissance, SIRE, de VOTRE MAJESTÉ, le très humble et très obéissant serviteur.

À Rotterdam, ce 20 de janvier 1742.

VOLTAIRE.

## LETTRE de l'AUTEUR à Mr. DE S***

Je vous remercie, Monsieur, de la figure que vous avez bien voulu m'envoyer de la Machine donc vous vous servez pour fixer l'image du Soleil. J'en ferai faire une sur votre dessein, et je serai délivré d'un grand embarras ; car moi qui suis fort maladroit, j'ai toutes les peines du monde dans ma chambre obscure avec mes miroirs. À mesure que le soleil avance, les couleurs s'en vont, et ressemblent aux affaires de ce monde, qui ne ne sont pas un moment de suite dans la même situation. J'appelle votre machine STA SOL. Depuis Josué, personne avant vous n'avait arrêté le soleil.

J'ai reçu dans le même paquet l'ouvrage que je vous avait demandé, dans lequel mon adversaire, et celui de tous les philosophes, emploie environ trois cents pages au sujet de quelques Pensées de Pascal que j'avais examinées dans moins d'une feuille.

Je suis toujours pour ce que j'ai dit. Le défaut de la plupart des livres est d'être trop longs. Si on avait la raison pour foi, on ferait court ; mais peu de raison et beaucoup d'injures ont fait les trois cents pages.

J'ai toujours su que Pascal n'avait jeté ses idée sur le papier, que pour les revoir et en rejeter une partie. Le critique n'en veut rien croire. Il soutient que Pascal aimait toutes ses idées, et qu'il n'en fut retranché aucune ; mais s'il savait que les éditeurs eux-mêmes en supprimèrent le moitié, il serait bine surpris.

Il n'a qu'à voir celles que le père de Mollets a recouvrées depuis quelques années, écrites de la main de Pascal même ; il en sera plus surpris encore. Elles sont imprimées dans Recueil sur la littérature. En voici quelques unes.

"Selon les lumières naturelles, s'il y a un Dieu, il n'a ni parties ni bornes, il n'a aucun rapport à nous. Nous sommes donc incapables de connaître, ni ce qu'il est, ni s'il est." Croyez-vous en bonne foi, Monsieur, que Pascal eût conservé ce "s'il est" ? Apparemment que le père Hardouin avait eu cette pensée, quand il mit Pascal dans sa ridicule liste des athées modernes.

"Je ne me sentirais pas assez de force pour trouver dans la nature de quoi convaincre des athées."

Mais CLarck, Locke, Wolf, et tant d'autres ont eu cette force, et assurément Pascal l'aurait due.

"Toutes les fois qu'une proposition est inconcevable, il ne faut pas la nier, mais examiner le contraire ; et s'il est manifestement faux, on peut affirmer le contraire, tout incompréhensible qu'il est."

Pascal avait oublié le Géométrie, quand il faisait cet étrange raisonnement. Deux carrés font un cubes, deux cubes font un carrés : voilà deux propositions contraires, toutes deux également absurdes, etc.

Voilà qui est bien anti-mathématique. Il y a autant de fautes que de mots. Assurément de telles idées n'étaient pas faites pour être employées. Mon critique changement un peu d'avis, s'il va à votre école. Il verra qu'il s'en faut bine qu'on doive croire aveuglément tout ce que Pascal a dit.

Il croyait toujours pendant la dernière année de sa vie vois un abîme à côté de sa chaise. Faudrait-il pour cela que nous en imaginassions autant ? Pour moi, je vois aussi un abîme, mais c'est dans les choses qu'il a cru expliquer.

Vous trouvez que les Mélanges de Leibnitz, que la mélancolie égara sur le fin la raison de Pascal ; il le dit même un peu durement. Il n'est pas étonnant, après tout, qu'un homme d'un tempérament délicat, d'une imagination triste, comme Pascal, soit, à force de mauvais régime, parvenu à déranger les organes de son cerveau. Cette maladie n'est ni plus surprenante, ni plus humiliante, que la fièvre ou la migraine. Si le grand Pascal a été attaqué, c'est Samson qui perd sa force.

Je ne sais de quelle maladie est affligée la docteur qui argumente su amèrement contre moi ; mais il perd le change en tout, et principalement sur l'état de la question.

La fond de mes petites remarques surs les "Pensées de Pascal", c'est qu'il faut croire sans doue au péché originel, puisque la Foi l'ordonne ; et qu'il faut croire d'autant plus, que la Raison est absolument impuissante à nous montrer que la Nature Humaine est déchue. La Révélation saule peut nous l'apprendre. Platon s'y était jadis cassé le nez. Comment pouvait-il savoir que les hommes avaient été autrefois plus beaux, plus grands, plus forts, plus heureux : qu'ils avaient eu de belles ailes, et qu'ils avaient fait des enfants sans femmes ?

Tous ceux qui se sont servie de la Physique pour prouver la décadence du de petit globe de notre Monde, n'ont pas eu meilleure fortune que Platon. Voyez-vous ces vilaines montagnes, disaient-ils, les mers qui entrent dans les terres, ces lacs sans issue ? Ce sont les débris qu'un globe maudit. Mais quand on y regarde de plus près, on a vu que les montagnes étaient nécessaires pour nous donner des rivières et des mines, et que ce sont les perfections d'un monde béni.

De même mon censeur assure que notre vie est fort raccourci en comparaison de celle des corbeaux et des cerfs ; il a entendu dire à sa nourrice que les cerfs vient trois cent ans, et les corbeaux nef cents. La nourrice d'Hésiode lui avait fait aussi apparemment le même conte. Mais mon docteur n'a qu'à interroger quelque chasseur, il saura que les cerfs ne vont jamais à vingt ans. Il a beau faire, l'homme est de tous les animaux celui à qui Dieu accorde plus longue vie ; et quand mon critique me montrera un corbeau qui aura cent deux ans, comme Mr. de St. Aulaire et Madame de Chanclos, il me fera plaisir.

C'est une étrange rage que celle de quelques messieurs, qui veulent absolument que nous soyons misérables. Je n'aime point un charlatan qui veut me faire accroire que je suis malade, pour me vendre des pilules. Garde ta drogue, mon ami, et laisse-moi ma santé. Mais pourquoi me dis-tu des injures ? Parce que je me porte bien, et que je ne veux pas de ton orviétan.

Cet homme m'en dit de très grossières, selon la louable coutume des gens pour qui les rieurs ne sont pas. Il a été déterrer dans je ne sais quel journal, je ne sais quelles lettres sur la nature de l'âme, que je n'ai jamais écrites„ et qu'un libraire a toujours mises sous mon nom à bon compte, aussi bien que beaucoup d'autres choses que je ne lis point.

Mais puisque cet homme les lit, il devait voir qu'il est évident que ces lettres sur la nature de l'âme ne sont point de moi et qu'il y a des pages entières copiées mot à mot de ce que j'ai écrit autrefois sur Locke. Il est clair qu'elles sont de quelqu'un qui m'a volé ; mais je ne vole point ainsi, quelque pauvre que je puisse être.

Mon docteur se tue à prouver que l'âme est spirituelle. Je veux croire que la sienne l'est, mais en vérité ses raisonnements ne [le] sont fort peu.

Il veut donner des soufflets à Locke sur ma jour, parce que Locke a dit que Dieu était assez puissant pour faire penser un élément de la matière. Plus je relis ce Locke, et plus je voudrais que ces messieurs l'étudiassent. Il me semble qu'il a fait comme Auguste, qui donna un édit de coërcendo intra fines imeprio. Locke a référé l'empire de la science pour l'affermir. Qu'est-ce que l'âme ? Je n'en sais rien. Voilà Joseph Leibniz, qui a découvert que la matière est un assemblage de monades. Soit. Je ne le comprends pas lui non plus. Eh bien, mon âme sera une monade ; ne me voilà-t-il pas bine instruit ? Je vais vous prouver que vous êtes immortel, me dit mon docteur. Mais vraiment il me fera plaisir ; j'ai tout aussi grande envie que lui d'être immortel, je n'ai fait la Henriade que pour cela. Mais mon homme se croit bine plus sûr de l'immortalité par ses arguments, que moi par ma Henriade :

Vanitas vanitatum, et metaphysica vanitas !

Nous sommes faits pour compter, mesurer, peser, voilà ce qu'a fait Newton, voilà ce que vous faites avec Monsieur Muschembrœck. Mais pou les premiers nous n'en savons pas plus qu'Epistémon et maître d'Editue.

Les philosophes qui font des systèmes sur la secrète construction de l'univers, font comme nos voyageurs qui vont à Constantinople, et qui parlent du sérail ; ils n'en n'ont vu que les dehors, et ils prétendent savoir ce que fait le sultan et ses favorites. Adieu, Monsieur, si quelqu'un voit un peu, c'est vous ; mais que je tiens mon censeur aveugle. J'ai l'honneur de l'être aussi ; mais je suis un quinze-vingt de Paris, et lui un aveugle de province. Je ne suis pas assez aveugle pourtant pour ne pas voir tout votre mérite, et vous savez combien mon cœur est sensible à votre amitié. Je suis etc.

À Ciray, le 1er juin 1741.


## PERSONNAGES

**MAHOMET**.
**ZOPIRE**, Scheich ou Scherif de la Mecque.
**OMAR**, Lieutenant de Mahomet.
**SÉIDE**, esclave de Mahomet.
**PALMIRE**, esclave de Mahomet.
**PHANOR**, Sénateur de La Mecque.
**TROUPE DE MÉCQUOIS**.
**TROUPE DE MUSULMANS**.

*La scène est à la Mecque.*

# ACTE I

## SCÈNE I.

### ZOPIRE, PHANOR.

ZOPIRE.
Qui ? Moi, baisser les yeux devant ses faux prodiges !
Moi, de ce fanatique encenser les prestiges !
L'honorer dans la Mecque après l'avoir banni !
Non. Que des justes dieux Zopire soit puni
Si tu vois cette main, jusqu'ici libre et pure,   5
Caresser la révolte et flatter l'imposture !

PHANOR.
Nous chérissons en vous ce zèle paternel
Du chef auguste et saint du sénat d'Ismaël ;
Mais ce zèle est funeste ; et tant de résistance,
Sans lasser Mahomet, irrite sa vengeance.   10
Contre ses attentats vous pouviez autrefois
Lever impunément le fer sacré des lois,
Et des embrasements d'une guerre immortelle
Étouffer sous vos pieds la première étincelle.
Mahomet citoyen ne parut à vos yeux   15
Qu'un novateur obscur, un vil séditieux :
Aujourd'hui, c'est un prince ; il triomphe, il domine ;
Imposteur à la Mecque, et prophète à Médine,
Il sait faire adorer à trente nations
Tous ces mêmes forfaits qu'ici nous détestons.   20
Que dis-je ? En ces murs même une troupe égarée,
Des poisons de l'erreur avec zèle enivrée,
De ses miracles faux soutient l'illusion,
Répand le fanatisme et la sédition,
Appelle son armée, et croit qu'un dieu terrible   25
L'inspire, le conduit, et le rend invincible.
Tous nos vrais citoyens avec vous sont unis ;

Mais les meilleurs conseils sont-ils toujours suivis ?
L'amour des nouveautés, le faux zèle, la crainte,
De la Mecque alarmée ont désolé l'enceinte ;
Et ce peuple, en tout temps chargé de vos bienfaits,
Crie encore à son père, et demande la paix.

### Zopire.

La paix avec ce traître ! Ah ! Peuple sans courage,
N'en attendez jamais qu'un horrible esclavage :
Allez, portez en pompe, et servez à genoux
L'idole dont le poids va vous écraser tous.
Moi, je garde à ce fourbe une haine éternelle ;
De mon cœur ulcéré la plaie est trop cruelle :
Lui-même a contre moi trop de ressentiments.
Le cruel fit périr ma femme et mes enfants :
Et moi, jusqu'en son camp j'ai porté le carnage ;
La mort de son fils même honora mon courage.
Les flambeaux de la haine entre nous allumés
Jamais des mains du temps ne seront consumés.

### Phanor.

Ne les éteignez point, mais cachez-en la flamme ;
Immolez au public les douleurs de votre âme.
Quand vous verrez ces lieux par ses mains ravagés,
Vos malheureux enfants seront-ils mieux vengés ?
Vous avez tout perdu, fils, frère, épouse, fille ;
Ne perdez point l'état : c'est là votre famille.

### Zopire.

On ne perd les états que par timidité.

### Phanor.

On périt quelquefois par trop de fermeté.

### Zopire.

Périssons, s'il le faut.

### Phanor.

Ah ! Quel triste courage,

Quand vous touchez au port, vous expose au naufrage ?
Le ciel, vous le voyez, a remis en vos mains 55
De quoi fléchir encor ce tyran des humains.
Cette jeune Palmire en ses camps élevée,
Dans vos derniers combats par vous-même enlevée,
Semble un ange de paix descendu parmi nous,
Qui peut de Mahomet apaiser le courroux. 60
Déjà par ses hérauts il l'a redemandée.

ZOPIRE.
Tu veux qu'à ce barbare elle soit accordée ?
Tu veux que d'un si cher et si noble trésor
Ses criminelles mains s'enrichissent encor ?
Quoi ! Lorsqu'il nous apporte et la fraude et la guerre, 65
Lorsque son bras enchaîne et ravage la terre,
Les plus tendres appas brigueront sa faveur,
Et la beauté sera le prix de la fureur !
Ce n'est pas qu'à mon âge, aux bornes de ma vie,
Je porte à Mahomet une honteuse envie ; 70
Ce cœur triste et flétri, que les ans ont glacé,
Ne peut sentir les feux d'un désir insensé.
Mais soit qu'en tous les temps un objet né pour plaire
Arrache de nos vœux l'hommage involontaire ;
Soit que, privé d'enfants, je cherche à dissiper 75
Cette nuit de douleurs qui vient m'envelopper ;
Je ne sais quel penchant pour cette infortunée
Remplit le vide affreux de mon âme étonnée.
Soit faiblesse ou raison, je ne puis sans horreur
La voir aux mains d'un monstre, artisan de l'erreur. 80
Je voudrais qu'à mes vœux heureusement docile,
Elle-même en secret pût chérir cet asile ;
Je voudrais que son cœur, sensible à mes bienfaits,
Détestât Mahomet autant que je le hais.
Elle veut me parler sous ces sacrés portiques, 85
Non loin de cet autel de nos dieux domestiques ;
Elle vient, et son front, siège de la candeur,

Annonce en rougissant les vertus de son cœur.

## SCÈNE II.

#### ZOPIRE, PALMIRE.

###### ZOPIRE.
Jeune et charmant objet dont le sort de la guerre,
Propice à ma vieillesse, honora cette terre,  90
Vous n'êtes point tombée en de barbares mains ;
Tout respecte avec moi vos malheureux destins,
Votre âge, vos beautés, votre aimable innocence.
Parlez ; et s'il me reste encor quelque puissance,
De vos justes désirs si je remplis les vœux,  95
Ces derniers de mes jours seront des jours heureux.

###### PALMIRE.
Seigneur, depuis deux mois sous vos lois prisonnière,
Je dus à mes destins pardonner ma misère ;
Vos généreuses mains s'empressent d'effacer
Les larmes que le ciel me condamne à verser.  100
Par vous, par vos bienfaits, à parler enhardie,
C'est de vous que j'attends le bonheur de ma vie.
Aux vœux de Mahomet j'ose ajouter les miens :
Il vous a demandé de briser mes liens ;
Puissiez-vous l'écouter ! Et puissé-je lui dire  105
Qu'après le ciel et lui je dois tout à Zopire !

###### ZOPIRE.
Ainsi de Mahomet vous regrettez les fers,
Ce tumulte des camps, ces horreurs des déserts,
Cette patrie errante, au trouble abandonnée ?

###### PALMIRE.
La patrie est aux lieux où l'âme est enchaînée.  110
Mahomet a formé mes premiers sentiments,
Et ses femmes en paix guidaient mes faibles ans :

Leur demeure est un temple où ces femmes sacrées
Lèvent au ciel des mains de leur maître adorées.
Le jour de mon malheur, hélas ! Fut le seul jour
Où le sort des combats a troublé leur séjour :
Seigneur, ayez pitié d'une âme déchirée,
Toujours présente aux lieux dont je suis séparée.

Zopire.

J'entends : vous espérez partager quelque jour
De ce maître orgueilleux et la main et l'amour.

Palmire.

Seigneur, je le révère, et mon âme tremblante
Croit voir dans Mahomet un dieu qui m'épouvante.
Non, d'un si grand hymen mon cœur n'est point flatté ;
Tant d'éclat convient mal à tant d'obscurité.

Zopire.

Ah ! Qui que vous soyez, il n'est point né peut-être
Pour être votre époux, encor moins votre maître ;
Et vous semblez d'un sang fait pour donner des lois
À l'arabe insolent qui marche égal aux rois.

Palmire.

Nous ne connaissons point l'orgueil de la naissance ;
Sans parents, sans patrie, esclaves dès l'enfance,
Dans notre égalité nous chérissons nos fers ;
Tout nous est étranger, hors le dieu que je sers.

Zopire.

Tout vous est étranger ! Cet état peut-il plaire ?
Quoi ! Vous servez un maître, et n'avez point de père ?
Dans mon triste palais, seul et privé d'enfants,
J'aurais pu voir en vous l'appui de mes vieux ans ;
Le soin de vous former des destins plus propices
Eût adouci des miens les longues injustices.
Mais non, vous abhorrez ma patrie et ma loi.

PALMIRE.
Comment puis-je être à vous ? Je ne suis point à moi.  140
Vous aurez mes regrets, votre bonté m'est chère ;
Mais enfin Mahomet m'a tenu lieu de père.

ZOPIRE.
Quel père ! Justes dieux ! Lui ? Ce monstre imposteur !

PALMIRE.
Ah ! Quels noms inouïs lui donnez-vous, seigneur !
Lui, dans qui tant d'états adorent leur prophète !  145
Lui, l'envoyé du ciel, et son seul interprète !

ZOPIRE.
Étrange aveuglement des malheureux mortels !
Tout m'abandonne ici pour dresser des autels
À ce coupable heureux qu'épargna ma justice,
Et qui courut au trône, échappé du supplice.  150

PALMIRE.
Vous me faites frémir, seigneur ; et, de mes jours,
Je n'avais entendu ces horribles discours.
Mon penchant, je l'avoue, et ma reconnaissance,
Vous donnaient sur mon cœur une juste puissance ;
Vos blasphèmes affreux contre mon protecteur  155
À ce penchant si doux font succéder l'horreur.

ZOPIRE.
Ô superstition ! Tes rigueurs inflexibles
Privent d'humanité les cœurs les plus sensibles.
Que je vous plains, Palmire ! Et que sur vos erreurs
Ma pitié malgré moi me fait verser de pleurs !  160

PALMIRE.
Et vous me refusez !

ZOPIRE.
        Oui. Je ne puis vous rendre
Au tyran qui trompa ce cœur flexible et tendre ;
Oui, je crois voir en vous un bien trop précieux,

Qui me rend Mahomet encor plus odieux.

## SCÈNE III.

### ZOPIRE, PALMIRE, PHANOR.

ZOPIRE.
Que voulez-vous, Phanor ? 165

PHANOR.
Aux portes de la ville,
D'où l'on voit de Moad la campagne fertile,
Omar est arrivé.

ZOPIRE.
Qui ? Ce farouche Omar,
Que l'erreur aujourd'hui conduit après son char,
Qui combattit longtemps le tyran qu'il adore,
Qui vengea son pays ? 170

PHANOR.
Peut-être il l'aime encore.
Moins terrible à nos yeux, cet insolent guerrier,
Portant entre ses mains le glaive et l'olivier,
De la paix à nos chefs a présenté le gage.
On lui parle ; il demande, il reçoit un otage.
Séide est avec lui. 175

PALMIRE.
Grand dieu ! Destin plus doux !
Quoi ! Séide ?

PHANOR.
Omar vient, il s'avance vers vous.

ZOPIRE.
Il le faut écouter. Allez, jeune Palmire.
*Palmire sort.*
Omar devant mes yeux ! Qu'osera-t-il me dire ?

Ô dieux de mon pays, qui depuis trois mille ans
Protégiez d'Ismaël les généreux enfants !
Soleil, sacré flambeau, qui dans votre carrière,
Image de ces dieux, nous prêtez leur lumière,
Voyez et soutenez la juste fermeté
Que j'opposai toujours contre l'iniquité !

## SCÈNE IV.

ZOPIRE, OMAR, PHANOR, suite.

ZOPIRE.
Eh bien ! Après six ans tu revois ta patrie,   185
Que ton bras défendit, que ton cœur a trahie.
Ces murs sont encor pleins de tes premiers exploits.
Déserteur de nos dieux, déserteur de nos lois,
Persécuteur nouveau de cette cité sainte,
D'où vient que ton audace en profane l'enceinte ?   190
Ministre d'un brigand qu'on dût exterminer,
Parle : que me veux-tu ?

OMAR.
                    Je veux te pardonner.
Le prophète d'un dieu, par pitié pour ton âge,
Pour tes malheurs passés, surtout pour ton courage,
Te présente une main qui pourrait t'écraser ;   195
Et j'apporte la paix qu'il daigne proposer.

ZOPIRE.
Un vil séditieux prétend avec audace
Nous accorder la paix, et non demander grâce !
Souffrirez-vous, grands dieux ! Qu'au gré de ses forfaits
Mahomet nous ravisse ou nous rende la paix ?   200
Et vous, qui vous chargez des volontés d'un traître,
Ne rougissez-vous point de servir un tel maître ?
Ne l'avez-vous pas vu, sans honneur et sans biens,
Ramper au dernier rang des derniers citoyens ?
Qu'alors il était loin de tant de renommée !   205

OMAR.
À tes viles grandeurs ton âme accoutumée
Juge ainsi du mérite, et pèse les humains

Au poids que la fortune avait mis dans tes mains.
Ne sais-tu pas encore, homme faible et superbe,
Que l'insecte insensible enseveli sous l'herbe,
Et l'aigle impérieux qui plane au haut du ciel,
Rentrent dans le néant aux yeux de l'éternel ?
Les mortels sont égaux ; ce n'est point la naissance,
C'est la seule vertu qui fait leur différence.
Il est de ces esprits favorisés des cieux,
Qui sont tout par eux-même, et rien par leurs aïeux.
Tel est l'homme, en un mot, que j'ai choisi pour maître ;
Lui seul dans l'univers a mérité de l'être ;
Tout mortel à sa loi doit un jour obéir,
Et j'ai donné l'exemple aux siècles à venir.

                         Zopire.

Je te connais, Omar : en vain ta politique
Vient m'étaler ici ce tableau fanatique :
En vain tu peux ailleurs éblouir les esprits ;
Ce que ton peuple adore excite mes mépris.
Bannis toute imposture, et d'un coup d'œil plus sage
Regarde ce prophète à qui tu rends hommage ;
Vois l'homme en Mahomet ; conçois par quel degré
Tu fais monter aux cieux ton fantôme adoré.
Enthousiaste ou fourbe, il faut cesser de l'être ;
Sers-toi de ta raison, juge avec moi ton maître :
Tu verras de chameaux un grossier conducteur,
Chez sa première épouse insolent imposteur,
Qui, sous le vain appât d'un songe ridicule,
Des plus vils des humains tente la foi crédule ;
Comme un séditieux à mes pieds amené,
Par quarante vieillards à l'exil condamné :
Trop léger châtiment qui l'enhardit au crime.
De caverne en caverne il fuit avec Fatime.
Ses disciples errants de cités en déserts,
Proscrits, persécutés, bannis, chargés de fers,
Promènent leur fureur, qu'ils appellent divine ;

De leurs venins bientôt ils infectent Médine.
Toi-même alors, toi-même, écoutant la raison,
Tu voulus dans sa source arrêter le poison.
Je te vis plus heureux, et plus juste, et plus brave, 245
Attaquer le tyran dont je te vois l'esclave.
S'il est un vrai prophète, osas-tu le punir ?
S'il est un imposteur, oses-tu le servir ?

OMAR.
Je voulus le punir quand mon peu de lumière
Méconnut ce grand homme entré dans la carrière : 250
Mais enfin, quand j'ai vu que Mahomet est né
Pour changer l'univers à ses pieds consterné ;
Quand mes yeux, éclairés du feu de son génie,
Le virent s'élever dans sa course infinie ;
Éloquent, intrépide, admirable en tout lieu, 255
Agir, parler, punir, ou pardonner en dieu ;
J'associai ma vie à ses travaux immenses :
Des trônes, des autels en sont les récompenses.
Je fus, je te l'avoue, aveugle comme toi.
Ouvre les yeux, Zopire, et change ainsi que moi ; 260
Et, sans plus me vanter les fureurs de ton zèle,
Ta persécution si vaine et si cruelle,
Nos frères gémissants, notre dieu blasphémé,
Tombe aux pieds d'un héros par toi-même opprimé.
Viens baiser cette main qui porte le tonnerre. 265
Tu me vois après lui le premier de la terre ;
Le poste qui te reste est encore assez beau
Pour fléchir noblement sous ce maître nouveau.
Vois ce que nous étions, et vois ce que nous sommes.
Le peuple, aveugle et faible, est né pour les grands hommes, 270
Pour admirer, pour croire, et pour nous obéir.
Viens régner avec nous, si tu crains de servir ;
Partage nos grandeurs au lieu de t'y soustraire ;
Et, las de l'imiter, fais trembler le vulgaire.

### ZOPIRE.
Ce n'est qu'à Mahomet, à ses pareils, à toi,
Que je prétends, Omar, inspirer quelque effroi.
Tu veux que du sénat le shérif infidèle
Encense un imposteur, et couronne un rebelle !
Je ne te nierai point que ce fier séducteur
N'ait beaucoup de prudence et beaucoup de valeur :
Je connais comme toi les talents de ton maître ;
S'il était vertueux, c'est un héros peut-être :
Mais ce héros, Omar, est un traître, un cruel,
Et de tous les tyrans c'est le plus criminel.
Cesse de m'annoncer sa trompeuse clémence ;
Le grand art qu'il possède est l'art de la vengeance.
Dans le cour de la guerre un funeste destin
Le priva de son fils que fit périr ma main.
Mon bras perça le fils, ma voix bannit le père ;
Ma haine est inflexible, ainsi que sa colère ;
Pour rentrer dans la Mecque, il doit m'exterminer,
Et le juste aux méchants ne doit point pardonner.

### OMAR.
Eh bien ! Pour te montrer que Mahomet pardonne,
Pour te faire embrasser l'exemple qu'il te donne,
Partage avec lui-même, et donne à tes tribus
Les dépouilles des rois que nous avons vaincus.
Mets un prix à la paix, mets un prix à Palmire ;
Nos trésors sont à toi.

### ZOPIRE.
                Tu penses me séduire,
Me vendre ici ma honte, et marchander la paix
Par ses trésors honteux, le prix de ses forfaits ?
Tu veux que sous ses lois Palmire se remette ?
Elle a trop de vertus pour être sa sujette ;
Et je veux l'arracher aux tyrans imposteurs,
Qui renversent les lois et corrompent les mœurs.

OMAR.
Tu me parles toujours comme un juge implacable,  305
Qui sur son tribunal intimide un coupable.
Pense et parle en ministre ; agis, traite avec moi
Comme avec l'envoyé d'un grand homme et d'un roi.

ZOPIRE.
Qui l'a fait roi ? Qui l'a couronné ?

OMAR.
                                  La victoire.
Ménage sa puissance, et respecte sa gloire.  310
Aux noms de conquérant et de triomphateur,
Il veut joindre le nom de pacificateur,
Son armée est encore aux bords du Saïbare ;
Des murs où je suis né le siège se prépare ;
Sauvons, si tu m'en crois, le sang qui va couler :  315
Mahomet veut ici te voir et te parler.

ZOPIRE.
Lui ? Mahomet ?

OMAR.
                Lui-même ; il t'en conjure.

ZOPIRE.
                                        Traître !
Si de ces lieux sacrés j'étais l'unique maître,
C'est en te punissant que j'aurais répondu.

OMAR.
Zopire, j'ai pitié de ta fausse vertu.  320
Mais puisqu'un vil sénat insolemment partage
De ton gouvernement le fragile avantage,
Puisqu'il règne avec toi, je cours m'y présenter.

ZOPIRE.
Je t'y suis ; nous verrons qui l'on doit écouter.
Je défendrai mes lois, mes dieux, et ma patrie.  325
Viens-y contre ma voix prêter ta voix impie

Au dieu persécuteur, effroi du genre humain,
Qu'un fourbe ose annoncer les armes à la main.
   *À Phanor.*
Toi, viens m'aider, Phanor, à repousser un traître :
Le souffrir parmi nous, et l'épargner, c'est l'être.
Renversons ses desseins, confondons son orgueil ;
Préparons son supplice, ou creusons mon cercueil.
Je vais, si le sénat m'écoute et me seconde,
Délivrer d'un tyran ma patrie et le monde.

# ACTE II

# SCÈNE I.

### SÉIDE, PALMIRE.

PALMIRE.
Dans ma prison cruelle est-ce un dieu qui te guide ?  335
Mes maux sont-ils finis ? Te revois-je, Séide ?

SÉIDE.
Ô charme de ma vie et de tous mes malheurs !
Palmire, unique objet qui m'a coûté des pleurs,
Depuis ce jour de sang qu'un ennemi barbare,
Près des camps du prophète, aux bords du Saïbare,  340
Vint arracher sa proie à mes bras tout sanglants ;
Qu'étendu loin de toi sur des corps expirants,
Mes cris mal entendus sur cette infâme rive
Invoquèrent la mort sourde à ma voix plaintive,
Ô ma chère Palmire, en quel gouffre d'horreur  345
Tes périls et ma perte ont abîmé mon cœur !
Que mes feux, que ma crainte, et mon impatience,
Accusaient la lenteur des jours de la vengeance !
Que je hâtais l'assaut si longtemps différé,
Cette heure de carnage, où, de sang enivré,  350
Je devais de mes mains brûler la ville impie
Où Palmire a pleuré sa liberté ravie !
Enfin de Mahomet les sublimes desseins,
Que n'ose approfondir l'humble esprit des humains,
Ont fait entrer Omar en ce lieu d'esclavage ;  355
Je l'apprends, et j'y vole. On demande un otage ;
J'entre, je me présente ; on accepte ma foi,
Et je me rends captif, ou je meurs avec toi.

PALMIRE.
Séide, au moment même, avant que ta présence

Vînt de mon désespoir calmer la violence,
Je me jetais aux pieds de mon fier ravisseur.
Vous voyez, ai-je dit, les secrets de mon cœur :
Ma vie est dans les camps dont vous m'avez tirée ;
Rendez-moi le seul bien dont je suis séparée.
Mes pleurs, en lui parlant, ont arrosé ses pieds ;
Ses refus ont saisi mes esprits effrayés.
J'ai senti dans mes yeux la lumière obscurcie :
Mon cœur, sans mouvement, sans chaleur, et sans vie,
D'aucune ombre d'espoir n'était plus secouru ;
Tout finissait pour moi, quand Séide a paru.

SÉIDE.
Quel est donc ce mortel insensible à tes larmes ?

PALMIRE.
C'est Zopire : il semblait touché de mes alarmes ;
Mais le cruel enfin vient de me déclarer
Que des lieux où je suis rien ne peut me tirer.

SÉIDE.
Le barbare se trompe ; et Mahomet mon maître,
Et l'invincible Omar, et moi-même peut-être
Car j'ose me nommer après ces noms fameux,
Pardonne à ton amant cet espoir orgueilleux),
Nous briserons ta chaîne, et tarirons tes larmes.
Le dieu de Mahomet, protecteur de nos armes,
Le dieu dont j'ai porté les sacrés étendards,
Le dieu qui de Médine a détruit les remparts,
Renversera la Mecque à nos pieds abattue.
Omar est dans la ville, et le peuple à sa vue
N'a point fait éclater ce trouble et cette horreur
Qu'inspire aux ennemis un ennemi vainqueur ;
Au nom de Mahomet un grand dessein l'amène.

PALMIRE.
Mahomet nous chérit ; il briserait ma chaîne ;
Il unirait nos cœurs ; nos cœurs lui sont offerts :

Mais il est loin de nous, et nous sommes aux fers. 390

## SCÈNE II.

### PALMIRE, SÉIDE, OMAR.

OMAR.
Vos fers seront brisés, soyez pleins d'espérance ;
Le ciel vous favorise, et Mahomet s'avance.

SÉIDE.
Lui ?

PALMIRE.
Notre auguste père ?

OMAR.
              Au conseil assemblé
L'esprit de Mahomet par ma bouche a parlé.
" Ce favori du dieu qui préside aux batailles,  395
Ce grand homme, ai-je dit, est né dans vos murailles.
Il s'est rendu des rois le maître et le soutien,
Et vous lui refusez le rang de citoyen !
Vient-il vous enchaîner, vous perdre, vous détruire ?
Il vient vous protéger, mais surtout vous instruire :  400
Il vient dans vos cœurs même établir son pouvoir. "
Plus d'un juge à ma voix a paru s'émouvoir ;
Les esprits s'ébranlaient : l'inflexible Zopire,
Qui craint de la raison l'inévitable empire,
Veut convoquer le peuple, et s'en faire un appui.  405
On l'assemble ; j'y cours, et j'arrive avec lui :
Je parle aux citoyens, j'intimide, j'exhorte ;
J'obtiens qu'à Mahomet on ouvre enfin la porte.
Après quinze ans d'exil, il revoit ses foyers ;
Il entre accompagné des plus braves guerriers,  410
D'Ali, d'Ammon, d'Hercide, et de sa noble élite ;
Il entre, et sur ses pas chacun se précipite ;

Chacun porte un regard, comme un cœur différent :
L'un croit voir un héros, l'autre voir un tyran.
Celui-ci le blasphème, et le menace encore ;
Cet autre est à ses pieds, les embrasse, et l'adore.
Nous faisons retentir à ce peuple agité
Les noms sacrés de dieu, de paix, de liberté.
De Zopire éperdu la cabale impuissante
Vomit en vain les feux de sa rage expirante.
Au milieu de leurs cris, le front calme et serein,
Mahomet marche en maître, et l'olive à la main :
La trêve est publiée ; et le voici lui-même.

## SCÈNE III.

MAHOMET, OMAR, ALI, HERCIDE, SÉIDE, PALMIRE, suite.

MAHOMET.
Invincibles soutiens de mon pouvoir suprême,
Noble et sublime Ali, Morad, Hercide, Ammon, 425
Retournez vers ce peuple, instruisez-le en mon nom ;
Promettez, menacez ; que la vérité règne ;
Qu'on adore mon dieu, mais surtout qu'on le craigne.
Vous, Séide, en ces lieux !

SÉIDE.
Ô mon père ! Ô mon roi !
Le dieu qui vous inspire a marché devant moi. 430
Prêt à mourir pour vous, prêt à tout entreprendre,
J'ai prévenu votre ordre.

MAHOMET.
Il eût fallu l'attendre.
Qui fait plus qu'il ne doit ne sait point me servir.
J'obéis à mon dieu ; vous, sachez m'obéir.

PALMIRE.
Ah ! Seigneur ! Pardonnez à son impatience. 435
Élevés près de vous dans notre tendre enfance,
Les mêmes sentiments nous animent tous deux :
Hélas ! Mes tristes jours sont assez malheureux !
Loin de vous, loin de lui, j'ai langui prisonnière ;
Mes yeux de pleurs noyés s'ouvraient à la lumière : 440
Empoisonneriez-vous l'instant de mon bonheur ?

MAHOMET.
Palmire, c'est assez ; je lis dans votre cœur :
Que rien ne vous alarme, et rien ne vous étonne.

Allez : malgré les soins de l'autel et du trône,
Mes yeux sur vos destins seront toujours ouverts ;
Je veillerai sur vous comme sur l'univers.
    *À Séide.*
Vous, suivez mes guerriers ; et vous, jeune Palmire,
En servant votre dieu, ne craignez que Zopire.

## SCÈNE IV.

### MAHOMET, OMAR.

MAHOMET.
Toi, reste, brave Omar : il est temps que mon cœur
De ses derniers replis t'ouvre la profondeur.  450
D'un siège encor douteux la lenteur ordinaire
Peut retarder ma course, et borner ma carrière :
Ne donnons point le temps aux mortels détrompés
De rassurer leurs yeux de tant d'éclat frappés.
Les préjugés, ami, sont les rois du vulgaire.  455
Tu connais quel oracle et quel bruit populaire
Ont promis l'univers à l'envoyé d'un dieu,
Qui, reçu dans la Mecque, et vainqueur en tout lieu,
Entrerait dans ces murs en écartant la guerre :
Je viens mettre à profit les erreurs de la terre.  460
Mais tandis que les miens, par de nouveaux efforts,
De ce peuple inconstant font mouvoir les ressorts,
De quel œil revois-tu Palmire avec Séide ?

OMAR.
Parmi tous ces enfants enlevés par Hercide,
Qui, formés sous ton joug, et nourris dans ta loi,  465
N'ont de dieu que le tien, n'ont de père que toi,
Aucun ne te servit avec moins de scrupule,
N'eut un cœur plus docile, un esprit plus crédule ;
De tous tes musulmans ce sont les plus soumis.

MAHOMET.
Cher Omar, je n'ai point de plus grands ennemis.  470
Ils s'aiment, c'est assez.

OMAR.
Blâmes-tu leurs tendresses ?

MAHOMET.
Ah ! Connais mes fureurs et toutes mes faiblesses.

OMAR.
Comment ?

MAHOMET.
Tu sais assez quel sentiment vainqueur
Parmi mes passions règne au fond de mon cœur.
Chargé du soin du monde, environné d'alarmes,
Je porte l'encensoir, et le sceptre, et les armes :
Ma vie est un combat, et ma frugalité
Asservit la nature à mon austérité :
J'ai banni loin de moi cette liqueur traîtresse
Qui nourrit des humains la brutale mollesse :
Dans des sables brûlants, sur des rochers déserts,
Je supporte avec toi l'inclémence des airs :
L'amour seul me console ; il est ma récompense,
L'objet de mes travaux, l'idole que j'encense,
Le dieu de Mahomet ; et cette passion
Est égale aux fureurs de mon ambition.
Je préfère en secret Palmire à mes épouses.
Conçois-tu bien l'excès de mes fureurs jalouses,
Quand Palmire à mes pieds, par un aveu fatal,
Insulte à Mahomet, et lui donne un rival ?

OMAR.
Et tu n'es pas vengé ?

MAHOMET.
Juge si je dois l'être.
Pour le mieux détester, apprends à le connaître.
De mes deux ennemis apprends tous les forfaits :
Tous deux sont nés ici du tyran que je hais.

OMAR.
Quoi ! Zopire…

MAHOMET.
       Est leur père : Hercide en ma puissance
Remit depuis quinze ans leur malheureuse enfance.
J'ai nourri dans mon sein ces serpents dangereux ;
Déjà sans se connaître ils m'outragent tous deux.
J'attisai de mes mains leurs feux illégitimes.
Le ciel voulut ici rassembler tous les crimes. 500
Je veux… leur père vient ; ses yeux lancent vers nous
Les regards de la haine, et les traits du courroux.
Observe tout, Omar, et qu'avec son escorte
Le vigilant Hercide assiège cette porte.
Reviens me rendre compte, et voir s'il faut hâter 505
Ou retenir les coups que je dois lui porter.

## SCÈNE V.

### ZOPIRE, MAHOMET.

Zopire.
Ah ! Quel fardeau cruel à ma douleur profonde !
Moi, recevoir ici cet ennemi du monde !

Mahomet.
Approche, et puisque enfin le ciel veut nous unir,
Vois Mahomet sans crainte, et parle sans rougir. 510

Zopire.
Je rougis pour toi seul, pour toi dont l'artifice
A traîné ta patrie au bord du précipice ;
Pour toi de qui la main sème ici les forfaits,
Et fait naître la guerre au milieu de la paix.
Ton nom seul parmi nous divise les familles, 515
Les époux, les parents, les mères et les filles ;
Et la trêve pour toi n'est qu'un moyen nouveau
Pour venir dans nos cœurs enfoncer le couteau.
La discorde civile est partout sur ta trace.
Assemblage inouï de mensonge et d'audace, 520
Tyran de ton pays, est-ce ainsi qu'en ce lieu
Tu viens donner la paix, et m'annoncer un dieu ?

Mahomet.
Si j'avais à répondre à d'autres qu'à Zopire,
Je ne ferais parler que le dieu qui m'inspire ;
Le glaive et l'alcoran, dans mes sanglantes mains, 525
Imposeraient silence au reste des humains ;
Ma voix ferait sur eux les effets du tonnerre,
Et je verrais leurs fronts attachés à la terre :
Mais je te parle en homme, et sans rien déguiser ;
Je me sens assez grand pour ne pas t'abuser. 530

Vois quel est Mahomet : nous sommes seuls ; écoute :
Je suis ambitieux ; tout homme l'est, sans doute ;
Mais jamais roi, pontife, ou chef, ou citoyen,
Ne conçut un projet aussi grand que le mien.
Chaque peuple à son tour a brillé sur la terre,
Par les lois, par les arts, et surtout par la guerre ;
Le temps de l'Arabie est à la fin venu.
Ce peuple généreux, trop longtemps inconnu,
Laissait dans ses déserts ensevelir sa gloire ;
Voici les jours nouveaux marqués pour la victoire.
Vois du nord au midi l'univers désolé,
La Perse encor sanglante, et son trône ébranlé,
L'Inde esclave et timide, et l'Égypte abaissée,
Des murs de Constantin la splendeur éclipsée ;
Vois l'empire romain tombant de toutes parts,
Ce grand corps déchiré, dont les membres épars
Languissent dispersés sans honneur et sans vie :
Sur ces débris du monde élevons l'Arabie.
Il faut un nouveau culte, il faut de nouveaux fers ;
Il faut un nouveau dieu pour l'aveugle univers.
En Égypte Osiris, Zoroastre en Asie,
Chez les crétois Minos, Numa dans l'Italie,
À des peuples sans mœurs, et sans culte, et sans rois,
Donnèrent aisément d'insuffisantes lois.
Je viens après mille ans changer ces lois grossières :
J'apporte un joug plus noble aux nations entières :
J'abolis les faux dieux ; et mon culte épuré
De ma grandeur naissante est le premier degré.
Ne me reproche point de tromper ma patrie ;
Je détruis sa faiblesse et son idolâtrie :
Sous un roi, sous un dieu, je viens la réunir ;
Et, pour la rendre illustre, il la faut asservir.

ZOPIRE.

Voilà donc tes desseins ! C'est donc toi dont l'audace
De la terre à ton gré prétend changer la face !

Tu veux, en apportant le carnage et l'effroi,  565
Commander aux humains de penser comme toi :
Tu ravages le monde, et tu prétends l'instruire.
Ah ! Si par des erreurs il s'est laissé séduire,
Si la nuit du mensonge a pu nous égarer,
Par quels flambeaux affreux veux-tu nous éclairer ?  570
Quel droit as-tu reçu d'enseigner, de prédire,
De porter l'encensoir, et d'affecter l'empire ?

MAHOMET.
Le droit qu'un esprit vaste, et ferme en ses desseins,
A sur l'esprit grossier des vulgaires humains.

ZOPIRE.
Eh quoi ! Tout factieux qui pense avec courage  575
Doit donner aux mortels un nouvel esclavage ?
Il a droit de tromper, s'il trompe avec grandeur ?

MAHOMET.
Oui ; je connais ton peuple, il a besoin d'erreur ;
Ou véritable ou faux, mon culte est nécessaire.
Que t'ont produit tes dieux ? Quel bien t'ont-ils pu faire ?  580
Quels lauriers vois-tu croître au pied de leurs autels ?
Ta secte obscure et basse avilit les mortels,
Énerve le courage, et rend l'homme stupide ;
La mienne élève l'âme, et la rend intrépide :
Ma loi fait des héros.  585

ZOPIRE.
Dis plutôt des brigands.
Porte ailleurs tes leçons, l'école des tyrans ;
Va vanter l'imposture à Médine où tu règnes,
Où tes maîtres séduits marchent sous tes enseignes,
Où tu vois tes égaux à tes pieds abattus.

MAHOMET.
Des égaux ! Dès longtemps Mahomet n'en a plus.  590
Je fais trembler la Mecque, et je règne à Médine ;
Crois-moi, reçois la paix, si tu crains ta ruine.

ZOPIRE.
La paix est dans ta bouche, et ton cœur en est loin :
Penses-tu me tromper ?

MAHOMET.
Je n'en ai pas besoin.
C'est le faible qui trompe, et le puissant commande.
Demain j'ordonnerai ce que je te demande ;
Demain je puis te voir à mon joug asservi :
Aujourd'hui Mahomet veut être ton ami.

ZOPIRE.
Nous amis ! Nous, cruel ! Ah ! Quel nouveau prestige !
Connais-tu quelque dieu qui fasse un tel prodige ?

MAHOMET.
J'en connais un puissant, et toujours écouté,
Qui te parle avec moi.

ZOPIRE.
Qui ?

MAHOMET.
La nécessité,
Ton intérêt.

ZOPIRE.
Avant qu'un tel nœud nous rassemble,
Les enfers et les cieux seront unis ensemble.
L'intérêt est ton dieu, le mien est l'équité ;
Entre ces ennemis il n'est point de traité.
Quel serait le ciment, réponds-moi, si tu l'oses,
De l'horrible amitié qu'ici tu me proposes ?
Réponds ; est-ce ton fils que mon bras te ravit ?
Est-ce le sang des miens que ta main répandit ?

MAHOMET.
Oui, ce sont tes fils même. Oui, connais un mystère
Dont seul dans l'univers je suis dépositaire :
Tu pleures tes enfants, ils respirent tous deux.

ZOPIRE.
Ils vivraient ! Qu'as-tu dit ? ô ciel ! ô jour heureux !
Ils vivraient ! C'est de toi qu'il faut que je l'apprenne ! 615

MAHOMET.
Élevés dans mon camp, tous deux sont dans ma chaîne.

ZOPIRE.
Mes enfants dans tes fers ! Ils pourraient te servir !

MAHOMET.
Mes bienfaisantes mains ont daigné les nourrir.

ZOPIRE.
Quoi ! Tu n'as point sur eux étendu ta colère ?

MAHOMET.
Je ne les punis point des fautes de leur père. 620

ZOPIRE.
Achève, éclaircis-moi, parle, quel est leur sort ?

MAHOMET.
Je tiens entre mes mains et leur vie et leur mort ;
Tu n'as qu'à dire un mot, et je t'en fais l'arbitre.

ZOPIRE.
Moi, je puis les sauver ! à quel prix ? à quel titre ?
Faut-il donner mon sang ? Faut-il porter leurs fers ? 625

MAHOMET.
Non, mais il faut m'aider à tromper l'univers ;
Il faut rendre la Mecque, abandonner ton temple,
De la crédulité donner à tous l'exemple,
Annoncer l'alcoran aux peuples effrayés,
Me servir en prophète, et tomber à mes pieds : 630
Je te rendrai ton fils, et je serai ton gendre.

ZOPIRE.
Mahomet, je suis père, et je porte un cœur tendre.
Après quinze ans d'ennuis, retrouver mes enfants,
Les revoir, et mourir dans leurs embrassements,

C'est le premier des biens pour mon âme attendrie :
Mais s'il faut à ton culte asservir ma patrie,
Ou de ma propre main les immoler tous deux ;
Connais-moi, Mahomet, mon choix n'est pas douteux.
Adieu.

MAHOMET, *seul*.
Fier citoyen, vieillard inexorable,
Je serai plus que toi cruel, impitoyable.

## SCÈNE VI.

#### MAHOMET, OMAR.

OMAR.
Mahomet, il faut l'être, ou nous sommes perdus :
Les secrets des tyrans me sont déjà vendus.
Demain la trêve expire, et demain l'on t'arrête :
Demain Zopire est maître, et fait tomber ta tête.
La moitié du sénat vient de te condamner ; 645
N'osant pas te combattre, on t'ose assassiner.
Ce meurtre d'un héros, ils le nomment supplice ;
Et ce complot obscur, ils l'appellent justice.

MAHOMET.
Ils sentiront la mienne ; ils verront ma fureur.
La persécution fit toujours ma grandeur : 650
Zopire périra.

OMAR.
   Cette tête funeste,
En tombant à tes pieds, fera fléchir le reste.
Mais ne perds point de temps.

MAHOMET.
     Mais, malgré mon courroux,
Je dois cacher la main qui va lancer les coups,
Et détourner de moi les soupçons du vulgaire. 655

OMAR.
Il est trop méprisable.

MAHOMET.
   Il faut pourtant lui plaire ;
Et j'ai besoin d'un bras qui, par ma voix conduit,
Soit seul chargé du meurtre et m'en laisse le fruit.

OMAR.
Pour un tel attentat je réponds de Séide.
MAHOMET.
De lui ?
OMAR.
C'est l'instrument d'un pareil homicide.
Otage de Zopire, il peut seul aujourd'hui
L'aborder en secret, et te venger de lui.
Tes autres favoris, zélés avec prudence,
Pour s'exposer à tout ont trop d'expérience ;
Ils sont tous dans cet âge où la maturité
Fait tomber le bandeau de la crédulité ;
Il faut un cœur plus simple, aveugle avec courage,
Un esprit amoureux de son propre esclavage :
La jeunesse est le temps de ces illusions.
Séide est tout en proie aux superstitions ;
C'est un lion docile à la voix qui le guide.

MAHOMET.
Le frère de Palmire ?

OMAR.
Oui, lui-même, oui, Séide,
De ton fier ennemi le fils audacieux,
De son maître offensé rival incestueux.

MAHOMET.
Je déteste Séide, et son nom seul m'offense ;
La cendre de mon fils me crie encor vengeance :
Mais tu connais l'objet de mon fatal amour ;
Tu connais dans quel sang elle a puisé le jour.
Tu vois que dans ces lieux environnés d'abîmes
Je viens chercher un trône, un autel, des victimes ;
Qu'il faut d'un peuple fier enchanter les esprits,
Qu'il faut perdre Zopire, et perdre encor son fils.
Allons, consultons bien mon intérêt, ma haine,
L'amour, l'indigne amour, qui malgré moi m'entraîne,

Et la religion, à qui tout est soumis, 685
Et la nécessité, par qui tout est permis.

# ACTE III

## SCÈNE I.

### SÉIDE, PALMIRE.

PALMIRE.
Demeure. Quel est donc ce secret sacrifice ?
Quel sang a demandé l'éternelle justice ?
Ne m'abandonne pas.

SÉIDE.
Dieu daigne m'appeler :
Mon bras doit le servir, mon cœur va lui parler.  690
Omar veut à l'instant, par un serment terrible,
M'attacher de plus près à ce maître invincible :
Je vais jurer à Dieu de mourir pour sa loi,
Et mes seconds serments ne seront que pour toi.

PALMIRE.
D'où vient qu'à ce serment je ne suis point présente ?  695
Si je t'accompagnais, j'aurais moins d'épouvante.
Omar, ce même Omar, loin de me consoler,
Parle de trahison, de sang prêt à couler,
Des fureurs du sénat, des complots de Zopire.
Les feux sont allumés, bientôt la trêve expire :  700
Le fer cruel est prêt ; on s'arme, on va frapper :
Le prophète l'a dit, il ne peut nous tromper.
Je crains tout de Zopire, et je crains pour Séide.

SÉIDE.
Croirai-je que Zopire ait un cœur si perfide !
Ce matin, comme otage à ses yeux présenté,  705
J'admirais sa noblesse et son humanité ;
Je sentais qu'en secret une force inconnue
Enlevait jusqu'à lui mon âme prévenue :
Soit respect pour son nom, soit qu'un dehors heureux

Me cachât de son cœur les replis dangereux ;
Soit que, dans ces moments où je t'ai rencontrée,
Mon âme tout entière à son bonheur livrée,
Oubliant ses douleurs, et chassant tout effroi,
Ne connût, n'entendît, ne vît plus rien que toi ;
Je me trouvais heureux d'être auprès de Zopire.
Je le hais d'autant plus qu'il m'avait su séduire :
Mais malgré le courroux dont je dois m'animer,
Qu'il est dur de haïr ceux qu'on voulait aimer !

PALMIRE.
Ah ! Que le ciel en tout a joint nos destinées !
Qu'il a pris soin d'unir nos âmes enchaînées !
Hélas, sans mon amour, sans ce tendre lien,
Sans cet instinct charmant qui joint mon cœur au tien,
Sans la religion que Mahomet m'inspire,
J'aurais eu des remords en accusant Zopire.

SÉIDE.
Laissons ces vains remords, et nous abandonnons
À la voix de ce dieu qu'à l'envi nous servons.
Je sors. Il faut prêter ce serment redoutable ;
Le dieu qui m'entendra nous sera favorable ;
Et le pontife-roi, qui veille sur nos jours,
Bénira de ses mains de si chastes amours.
Adieu. Pour être à toi, je vais tout entreprendre.

## SCÈNE II.

PALMIRE.
D'un noir pressentiment je ne puis me défendre.
Cet amour dont l'idée avait fait mon bonheur,
Ce jour tant souhaité n'est qu'un jour de terreur.
Quel est donc ce serment qu'on attend de Séide ? 735
Tout m'est suspect ici ; Zopire m'intimide.
J'invoque Mahomet, et cependant mon cœur
Éprouve à son nom même une secrète horreur.
Dans les profonds respects que ce héros m'inspire,
Je sens que je le crains presque autant que Zopire. 740
Délivre-moi, grand dieu ! De ce trouble où je suis ?
Craintive je te sers, aveugle je te suis :
Hélas ! Daigne essuyer les pleurs où je me noie !

## SCÈNE III.

### MAHOMET, PALMIRE.

PALMIRE.
C'est vous qu'à mon secours un dieu propice envoie,
Seigneur, Séide... 745

MAHOMET.
　　　　　Eh bien ! D'où vous vient cet effroi ?
Et que craint-on pour lui, quand on est près de moi ?

PALMIRE.
Ô ciel ! Vous redoublez la douleur qui m'agite.
Quel prodige inouï ! Votre âme est interdite ;
Mahomet est troublé pour la première fois.

MAHOMET.
Je devrais l'être au moins du trouble où je vous vois. 750
Est-ce ainsi qu'à mes yeux votre simple innocence
Ose avouer un feu qui peut-être m'offense ?
Votre cœur a-t-il pu, sans être épouvanté,
Avoir un sentiment que je n'ai pas dicté ?
Ce cœur que j'ai formé n'est-il plus qu'un rebelle, 755
Ingrat à mes bienfaits, à mes lois infidèle ?

PALMIRE.
Que dites-vous ? Surprise et tremblante à vos pieds,
Je baisse en frémissant mes regards effrayés.
Eh quoi ! N'avez-vous pas daigné, dans ce lieu même,
Vous rendre à nos souhaits, et consentir qu'il m'aime ? 760
Ces nœuds, ces chastes nœuds, que dieu formait en nous,
Sont un lien de plus qui nous attache à vous.

MAHOMET.
Redoutez des liens formés par l'imprudence.

Le crime quelquefois suit de près l'innocence.
Le cœur peut se tromper ; l'amour et ses douceurs
Pourront coûter, Palmire, et du sang et des pleurs.

PALMIRE.
N'en doutez pas, mon sang coulerait pour Séide.

MAHOMET.
Vous l'aimez à ce point ?

PALMIRE.
Depuis le jour qu'Hercide
Nous soumit l'un et l'autre à votre joug sacré,
Cet instinct tout-puissant, de nous-même ignoré,
Devançant la raison, croissant avec notre âge,
Du ciel, qui conduit tout, fut le secret ouvrage.
Nos penchants, dites-vous, ne viennent que de lui.
Dieu ne saurait changer : pourrait-il aujourd'hui
Réprouver un amour que lui-même il fit naître ?
Ce qui fut innocent peut-il cesser de l'être ?
Pourrais-je être coupable ?

MAHOMET.
Oui. Vous devez trembler :
Attendez les secrets que je dois révéler ;
Attendez que ma voix veuille enfin vous apprendre
Ce qu'on peut approuver, ce qu'on doit se défendre.
Ne croyez que moi seul.

PALMIRE.
Et qui croire que vous ?
Esclave de vos lois, soumise, à vos genoux,
Mon cœur d'un saint respect ne perd point l'habitude.

MAHOMET.
Trop de respect souvent mène à l'ingratitude.

PALMIRE.
Non, si de vos bienfaits je perds le souvenir,
Que Séide à vos yeux s'empresse à m'en punir !

MAHOMET.
Séide !

PALMIRE.
Ah ! Quel courroux arme votre œil sévère ?

MAHOMET.
Allez, rassurez-vous, je n'ai point de colère.
C'est éprouver assez vos sentiments secrets ;
Reposez-vous sur moi de vos vrais intérêts : 790
Je suis digne du moins de votre confiance.
Vos destins dépendront de votre obéissance.
Si j'eus soin de vos jours, si vous m'appartenez,
Méritez des bienfaits qui vous sont destinés.
Quoi que la voix du ciel ordonne de Séide, 795
Affermissez ses pas où son devoir le guide :
Qu'il garde ses serments ; qu'il soit digne de vous.

PALMIRE.
N'en doutez point, mon père, il les remplira tous :
Je réponds de son cœur, ainsi que de moi-même.
Séide vous adore encor plus qu'il ne m'aime ; 800
Il voit en vous son roi, son père, son appui :
J'en atteste à vos pieds l'amour que j'ai pour lui.
Je cours à vous servir encourager son âme.

## SCÈNE IV.

MAHOMET.
Quoi ! Je suis malgré moi confident de sa flamme !
Quoi ! Sa naïveté, confondant ma fureur, 805
Enfonce innocemment le poignard dans mon cœur !
Père, enfants, destinés au malheur de ma vie,
Race toujours funeste et toujours ennemie,
Vous allez éprouver, dans cet horrible jour,
Ce que peut à la fois ma haine et mon amour. 810

## SCÈNE V.

### MAHOMET, OMAR.

OMAR.
Enfin voici le temps et de ravir Palmire,
Et d'envahir la Mecque, et de punir Zopire :
Sa mort seule à tes pieds mettra nos citoyens ;
Tout est désespéré si tu ne le préviens.
Le seul Séide ici te peut servir, sans doute ;   815
Il voit souvent Zopire, il lui parle, il l'écoute.
Tu vois cette retraite, et cet obscur détour
Qui peut de ton palais conduire à son séjour ;
Là, cette nuit, Zopire à ses dieux fantastiques
Offre un encens frivole et des vœux chimériques.   820
Là, Séide, enivré du zèle de ta loi,
Va l'immoler au dieu qui lui parle par toi.

MAHOMET.
Qu'il l'immole, il le faut : il est né pour le crime :
Qu'il en soit l'instrument, qu'il en soit la victime.
Ma vengeance, mes feux, ma loi, ma sûreté,   825
L'irrévocable arrêt de la fatalité,
Tout le veut ; mais crois-tu que son jeune courage,
Nourri du fanatisme, en ait toute la rage ?

OMAR.
Lui seul était formé pour remplir ton dessein.
Palmire à te servir excite encor sa main.   830
L'amour, le fanatisme, aveuglent sa jeunesse ;
Il sera furieux par excès de faiblesse.

MAHOMET.
Par les nœuds des serments as-tu lié son cœur ?

OMAR.
Du plus saint appareil la ténébreuse horreur,
Les autels, les serments, tout enchaîne Séide.
J'ai mis un fer sacré dans sa main parricide,
Et la religion le remplit de fureur.
Il vient.

## SCÈNE VI.

### MAHOMET, OMAR, SÉIDE.

Mahomet.
Enfant d'un dieu qui parle à votre cœur,
Écoutez par ma voix sa volonté suprême :
Il faut venger son culte, il faut venger dieu même. 840

Séide.
Roi, pontife, et prophète, à qui je suis voué,
Maître des nations, par le ciel avoué,
Vous avez sur mon être une entière puissance ;
Éclairez seulement ma docile ignorance.
Un mortel venger dieu ! 845

Mahomet.
C'est par vos faibles mains
Qu'il veut épouvanter les profanes humains.

Séide.
Ah ! Sans doute ce dieu, dont vous êtes l'image,
Va d'un combat illustre honorer mon courage.

Mahomet.
Faites ce qu'il ordonne, il n'est point d'autre honneur.
De ses décrets divins aveugle exécuteur, 850
Adorez et frappez ; vos mains seront armées
Par l'ange de la mort, et le dieu des armées.

Séide.
Parlez : quels ennemis vous faut-il immoler ?
Quel tyran faut-il perdre ? Et quel sang doit couler ?

Mahomet.
Le sang du meurtrier que Mahomet abhorre, 855

Qui nous persécuta, qui nous poursuit encore,
Qui combattit mon dieu, qui massacra mon fils ;
Le sang du plus cruel de tous nos ennemis,
De Zopire.

### SÉIDE.
De lui ! Quoi ! Mon bras...

### MAHOMET.
Téméraire,
On devient sacrilège alors qu'on délibère.
Loin de moi les mortels assez audacieux
Pour juger par eux-mêmes, et pour voir par leurs yeux !
Quiconque ose penser n'est pas né pour me croire.
Obéir en silence est votre seule gloire.
Savez-vous qui je suis ? Savez-vous en quels lieux
Ma voix vous a chargé des volontés des cieux ?
Si malgré ses erreurs et son idolâtrie,
Des peuples d'orient la Mecque est la patrie ;
Si ce temple du monde est promis à ma loi ;
Si dieu m'en a créé le pontife et le roi ;
Si la Mecque est sacrée, en savez-vous la cause ?
Ibrahim y naquit, et sa cendre y repose :
Ibrahim, dont le bras, docile à l'éternel,
Traîna son fils unique aux marches de l'autel,
Étouffant pour son dieu les cris de la nature.
Et quand ce dieu par vous veut venger son injure,
Quand je demande un sang à lui seul adressé,
Quand dieu vous a choisi, vous avez balancé !
Allez, vil idolâtre, et né pour toujours l'être,
Indigne musulman, cherchez un autre maître.
Le prix était tout prêt ; Palmire était à vous :
Mais vous bravez Palmire et le ciel en courroux.
Lâche et faible instrument des vengeances suprêmes,
Les traits que vous portez vont tomber sur vous-mêmes ;
Fuyez, servez, rampez, sous mes fiers ennemis.

SÉIDE.
Je crois entendre dieu ; tu parles : j'obéis.

MAHOMET.
Obéissez, frappez : teint du sang d'un impie,
Méritez par sa mort une éternelle vie.
*À Omar.*
Ne l'abandonne pas ; et, non loin de ces lieux,
Sur tous ses mouvements ouvre toujours les yeux. 890

## SCÈNE VII.

SÉIDE.

Immoler un vieillard de qui je suis l'otage,
Sans armes, sans défense, appesanti par l'âge !
N'importe ; une victime amenée à l'autel
Y tombe sans défense, et son sang plaît au ciel.
Enfin dieu m'a choisi pour ce grand sacrifice :   895
J'en ai fait le serment ; il faut qu'il s'accomplisse.
Venez à mon secours, ô vous, de qui le bras
Aux tyrans de la terre a donné le trépas !
Ajoutez vos fureurs à mon zèle intrépide ;
Affermissez ma main saintement homicide.   900
Ange de Mahomet, ange exterminateur,
Mets ta férocité dans le fond de mon cœur !
Ah ! Que vois-je ?

## SCÈNE VIII.

### ZOPIRE, SÉIDE.

#### Zopire.
À mes yeux tu te troubles, Séide !
Vois d'un œil plus content le dessein qui me guide :
Otage infortuné, que le sort m'a remis, 905
Je te vois à regret parmi mes ennemis.
La trêve a suspendu le moment du carnage ;
Ce torrent retenu peut s'ouvrir un passage :
Je ne t'en dis pas plus : mais mon cœur, malgré moi,
A frémi des dangers assemblés près de toi. 910
Cher Séide, en un mot, dans cette horreur publique,
Souffre que ma maison soit ton asile unique.
Je réponds de tes jours ; ils me sont précieux ;
Ne me refuse pas.

#### Séide.
Ô mon devoir ! Ô cieux.
Ah, Zopire ! Est-ce vous qui n'avez d'autre envie 915
Que de me protéger, de veiller sur ma vie ?
Prêt à verser son sang, qu'ai-je ouï ? Qu'ai-je vu ?
Pardonne, Mahomet, tout mon cœur s'est ému.

#### Zopire.
De ma pitié pour toi tu t'étonnes peut-être ;
Mais enfin je suis homme, et c'est assez de l'être 920
Pour aimer à donner des soins compatissants
À des cœurs malheureux que l'on croit innocents.
Exterminez, grands dieux, de la terre où nous sommes,
Quiconque avec plaisir répand le sang des hommes !

#### Séide.
Que ce langage est cher à mon cœur combattu ! 925

L'ennemi de mon dieu connaît donc la vertu !

### ZOPIRE.
Tu la connais bien peu, puisque tu t'en étonnes.
Mon fils, à quelle erreur, hélas ! Tu t'abandonnes !
Ton esprit, fasciné par les lois d'un tyran,
Pense que tout est crime hors d'être musulman.
Cruellement docile aux leçons de ton maître,
Tu m'avais en horreur avant de me connaître ;
Avec un joug de fer, un affreux préjugé
Tient ton cœur innocent dans le piège engagé.
Je pardonne aux erreurs où Mahomet t'entraîne ;
Mais peux-tu croire un dieu qui commande la haine ?

### SÉIDE.
Ah ! Je sens qu'à ce dieu je vais désobéir ;
Non, seigneur, non ; mon cœur ne saurait vous haïr.

### ZOPIRE, à part.
Hélas ! Plus je lui parle, et plus il m'intéresse ?
Son âge, sa candeur, ont surpris ma tendresse.
Se peut-il qu'un soldat de ce monstre imposteur
Ait trouvé malgré lui le chemin de mon cœur ?
    À *Séide.*
Quel es-tu ? De quel sang les dieux t'ont-ils fait naître ?

### SÉIDE.
Je n'ai point de parents, seigneur, je n'ai qu'un maître,
Que jusqu'à ce moment j'avais toujours servi,
Mais qu'en vous écoutant ma faiblesse a trahi.

### ZOPIRE.
Quoi ! Tu ne connais point de qui tu tiens la vie ?

### SÉIDE.
Son camp fut mon berceau ; son temple est ma patrie :
Je n'en connais point d'autre ; et, parmi ces enfants
Qu'en tribut à mon maître on offre tous les ans,
Nul n'a plus que Séide éprouvé sa clémence.

ZOPIRE.
Je ne puis le blâmer de sa reconnaissance.
Oui, les bienfaits, Séide, ont des droits sur un cœur.
Ciel ! Pourquoi Mahomet fut-il son bienfaiteur !
Il t'a servi de père, aussi bien qu'à Palmire :    955
D'où vient que tu frémis, et que ton cœur soupire ?
Tu détournes de moi ton regard égaré ;
De quelque grand remords tu sembles déchiré.

SÉIDE.
Eh ! Qui n'en aurait pas dans ce jour effroyable !

ZOPIRE.
Si tes remords sont vrais, ton cœur n'est plus coupable.    960
Viens, le sang va couler ; je veux sauver le tien.

SÉIDE.
Juste ciel ! Et c'est moi qui répandrais le sien !
Ô serments ! Ô Palmire ! Ô vous, dieu des vengeances !

ZOPIRE.
Remets-toi dans mes mains ; tremble, si tu balances ;
Pour la dernière fois, viens, ton sort en dépend.    965

## SCÈNE IX.

### ZOPIRE, SÉIDE, OMAR, suite.

OMAR, *entrant avec précipitation.*
Traître, que faites-vous ? Mahomet vous attend.
SÉIDE.
Où suis-je ! Ô ciel ! Où suis-je ! Et que dois-je résoudre ?
D'un et d'autre côté je vois tomber la foudre.
Où courir ? Où porter un trouble si cruel ?
Où fuir ? 970
OMAR.
Aux pieds du roi qu'a choisi l'éternel.
SÉIDE.
Oui, j'y cours abjurer un serment que j'abhorre.

## SCÈNE X.

ZOPIRE.
Ah, Séide ! Où vas-tu ? Mais il me fuit encore ;
Il sort désespéré, frappé d'un sombre effroi,
Et mon cœur qui le suit s'échappe loin de moi.
Ses remords, ma pitié, son aspect, son absence, 975
À mes sens déchirés font trop de violence.
Suivons ses pas.

## SCÈNE XI.

### ZOPIRE, PHANOR.

PHANOR.
Lisez ce billet important
Qu'un arabe en secret m'a donné dans l'instant.

ZOPIRE.
Hercide ! Qu'ai-je lu ? Grands dieux ! Votre clémence
Répare-t-elle enfin soixante ans de souffrance ? 980
Hercide veut me voir ! Lui, dont le bras cruel
Arracha mes enfants à ce sein paternel !
Ils vivent ! Mahomet les tient sous sa puissance,
Et Séide et Palmire ignorent leur naissance !
Mes enfants ! Tendre espoir, que je n'ose écouter ! 985
Je suis trop malheureux, je crains de me flatter.
Pressentiment confus, faut-il que je vous croie ?
Ô mon sang ! Où porter mes larmes et ma joie ?
Mon cœur ne peut suffire à tant de mouvements ;
Je cours, et je suis prêt d'embrasser mes enfants. 990
Je m'arrête, j'hésite, et ma douleur craintive
Prête à la voix du sang une oreille attentive.
Allons. Voyons Hercide au milieu de la nuit ;
Qu'il soit sous cette voûte en secret introduit,
Au pied de cet autel, où les pleurs de ton maître 995
Ont fatigué les dieux, qui s'apaisent peut-être.
Dieux, rendez-moi mes fils ! Dieux, rendez aux vertus
Deux cœurs nés généreux, qu'un traître a corrompus !
S'ils ne sont point à moi, si telle est ma misère,
Je les veux adopter, je veux être leur père. 1000

# ACTE IV

## SCÈNE I.

MAHOMET, OMAR.

OMAR.
Oui, de ce grand secret la trame est découverte ;
Ta gloire est en danger, ta tombe est entr'ouverte.
Séide obéira : mais avant que son cœur,
Raffermi par ta voix, eût repris sa fureur,
Séide a révélé cet horrible mystère.   1005

MAHOMET.
Ô ciel !

OMAR.
Hercide l'aime : il lui tient lieu de père.

MAHOMET.
Eh bien ! Que pense Hercide ?

OMAR.
Il paraît effrayé ;
Il semble pour Zopire avoir quelque pitié.

MAHOMET.
Hercide est faible ; ami, le faible est bientôt traître.
Qu'il tremble ! Il est chargé du secret de son maître.   1010
Je sais comme on écarte un témoin dangereux.
Suis-je en tout obéi ?

OMAR.
J'ai fait ce que tu veux.

MAHOMET.
Préparons donc le reste. Il faut que dans une heure
On nous traîne au supplice, ou que Zopire meure.
S'il meurt, c'en est assez ; tout ce peuple éperdu   1015

Adorera mon dieu, qui m'aura défendu.
Voilà le premier pas ; mais sitôt que Séide
Aura rougi ses mains de ce grand homicide,
Réponds-tu qu'au trépas Séide soit livré ?
Réponds-tu du poison qui lui fut préparé ?

                    OMAR.
N'en doute point.

                    MAHOMET.
        Il faut que nos mystères sombres
Soient cachés dans la mort, et couverts de ses ombres.
Mais tout prêt à frapper, prêt à percer le flanc
Dont Palmire a tiré la source de son sang,
Prends soin de redoubler son heureuse ignorance :
Épaississons la nuit qui voile sa naissance,
Pour son propre intérêt, pour moi, pour mon bonheur.
Mon triomphe en tout temps est fondé sur l'erreur.
Elle naquit en vain de ce sang que j'abhorre :
On n'a point de parents alors qu'on les ignore.
Les cris du sang, sa force, et ses impressions,
Des cœurs toujours trompés sont les illusions.
La nature à mes yeux n'est rien que l'habitude ;
Celle de m'obéir fit son unique étude :
Je lui tiens lieu de tout. Qu'elle passe en mes bras,
Sur la cendre des siens, qu'elle ne connaît pas.
Son cœur même en secret, ambitieux peut-être,
Sentira quelque orgueil à captiver son maître.
Mais déjà l'heure approche où Séide en ces lieux
Doit m'immoler son père à l'aspect de ses dieux.
Retirons-nous.

                    OMAR.
            Tu vois sa démarche égarée ;
De l'ardeur d'obéir son âme est dévorée.

## SCÈNE II.

MAHOMET, OMAR, *sur le devant, mais retirés de côté* ;
SÉIDE, *dans le fond.*

SÉIDE.
Il le faut donc remplir ce terrible devoir !

MAHOMET.
Viens, et par d'autres coups assurons mon pouvoir.
*Il sort avec Omar.*

SÉIDE, *seul.*
À tout ce qu'ils m'ont dit je n'ai rien à répondre. 1045
Un mot de Mahomet suffit pour me confondre.
Mais quand il m'accablait de cette sainte horreur,
La persuasion n'a point rempli mon cœur.
Si le ciel a parlé, j'obéirai sans doute ;
Mais quelle obéissance ! ô ciel ! Et qu'il en coûte ! 1050

## SCÈNE III.

### SÉIDE, PALMIRE.

SÉIDE.
Palmire, que veux-tu ? Quel funeste transport !
Qui t'amène en ces lieux consacrés à la mort ?

PALMIRE.
Séide, la frayeur et l'amour sont mes guides ;
Mes pleurs baignent tes mains saintement homicides.
Quel sacrifice horrible, hélas ! Faut-il offrir ?  1055
À Mahomet, à Dieu, tu vas donc obéir ?

SÉIDE.
Ô de mes sentiments souveraine adorée !
Parlez, déterminez ma fureur égarée ;
Éclairez mon esprit, et conduisez mon bras ;
Tenez-moi lieu d'un dieu que je ne comprends pas.  1060
Pourquoi m'a-t-il choisi ? Ce terrible prophète
D'un ordre irrévocable est-il donc l'interprète !

PALMIRE.
Tremblons d'examiner. Mahomet voit nos cœurs,
Il entend nos soupirs, il observe mes pleurs.
Chacun redoute en lui la divinité même,  1065
C'est tout ce que je sais ; le doute est un blasphème :
Et le dieu qu'il annonce avec tant de hauteur,
Séide, est le vrai dieu, puisqu'il le rend vainqueur.

SÉIDE.
Il l'est, puisque Palmire et le croit et l'adore.
Mais mon esprit confus ne conçoit point encore  1070
Comment ce dieu si bon, ce père des humains,
Pour un meurtre effroyable a réservé mes mains.

Je ne le sais que trop que mon doute est un crime,
Qu'un prêtre sans remords égorge sa victime,
Que par la voix du ciel Zopire est condamné,
Qu'à soutenir ma loi j'étais prédestiné.
Mahomet s'expliquait, il a fallu me taire ;
Et, tout fier de servir la céleste colère,
Sur l'ennemi de dieu je portais le trépas :
Un autre dieu, peut-être, a retenu mon bras.
Du moins, lorsque j'ai vu ce malheureux Zopire,
De ma religion j'ai senti moins l'empire.
Vainement mon devoir au meurtre m'appelait ;
À mon cœur éperdu l'humanité parlait.
Mais avec quel courroux, avec quelle tendresse,
Mahomet de mes sens accuse la faiblesse !
Avec quelle grandeur, et quelle autorité,
Sa voix vient d'endurcir ma sensibilité !
Que la religion est terrible et puissante !
J'ai senti la fureur en mon cœur renaissante ;
Palmire, je suis faible, et du meurtre effrayé ;
De ces saintes fureurs je passe à la pitié ;
De sentiments confus une foule m'assiège :
Je crains d'être barbare, ou d'être sacrilège.
Je ne me sens point fait pour être un assassin.
Mais quoi ! Dieu me l'ordonne, et j'ai promis ma main ;
J'en verse encor des pleurs de douleur et de rage.
Vous me voyez, Palmire, en proie à cet orage,
Nageant dans le reflux des contrariétés,
Qui pousse et qui retient mes faibles volontés :
C'est à vous de fixer mes fureurs incertaines :
Nos cœurs sont réunis par les plus fortes chaînes ;
Mais, sans ce sacrifice à mes mains imposé,
Le nœud qui nous unit est à jamais brisé ;
Ce n'est qu'à ce seul prix que j'obtiendrai Palmire.

PALMIRE.
Je suis le prix du sang du malheureux Zopire !

SÉIDE.
Le ciel et Mahomet ainsi l'ont arrêté.

PALMIRE.
L'amour est-il donc fait pour tant de cruauté ?

SÉIDE.
Ce n'est qu'au meurtrier que Mahomet te donne.

PALMIRE.
Quelle effroyable dot ! Mais si le ciel l'ordonne ? 1110
Si je sers et l'amour et la religion ?

PALMIRE.
Hélas !

SÉIDE.
Vous connaissez la malédiction
Qui punit à jamais la désobéissance.

PALMIRE.
Si dieu même en tes mains a remis sa vengeance,
S'il exige le sang que ta bouche a promis... 1115

SÉIDE.
Eh bien ! Pour être à toi que faut-il ?

PALMIRE.
Je frémis.

SÉIDE.
Je t'entends ; son arrêt est parti de ta bouche.

PALMIRE.
Qui ? Moi ?

SÉIDE.
Tu l'as voulu.

PALMIRE.
Dieu ! Quel arrêt farouche !
Que t'ai-je dit ?

SÉIDE.
Le ciel vient d'emprunter ta voix ;
C'est son dernier oracle, et j'accomplis ses lois.
Voici l'heure où Zopire à cet autel funeste
Doit prier en secret des dieux que je déteste.
Palmire, éloigne-toi.

PALMIRE.
Je ne puis te quitter.
Ne vois point l'attentat qui va s'exécuter.
Ces moments sont affreux. Va, fuis ; cette retraite
Est voisine des lieux qu'habite le prophète !
Va, dis-je.

PALMIRE.
Ce vieillard va donc être immolé !

SÉIDE.
De ce grand sacrifice ainsi l'ordre est réglé !
Il le faut de ma main traîner sur la poussière,
De trois coups dans le sein lui ravir la lumière,
Renverser dans son sang cet autel dispersé.

PALMIRE.
Lui, mourir par tes mains ! Tout mon sang s'est glacé.
Le voici, juste ciel ! ...

*Le fond du théâtre s'ouvre. On voit un autel.*

## SCÈNE IV.

ZOPIRE ; SÉIDE, PALMIRE, *sur le devant*.

ZOPIRE, *près de l'autel*.
Ô dieux de ma patrie !
Dieux prêts à succomber sous une secte impie,
C'est pour vous-même ici que ma débile voix        1135
Vous implore aujourd'hui pour la dernière fois.
La guerre va renaître, et ses mains meurtrières
De cette faible paix vont briser les barrières.
Dieux ! Si d'un scélérat vous respectez le sort...

SÉIDE, *à Palmire*.
Tu l'entends qui blasphème ?        1140

ZOPIRE.
Accordez-moi la mort.
Mais rendez-moi mes fils à mon heure dernière ;
Que j'expire en leurs bras ; qu'ils ferment ma paupière.
Hélas ! Si j'en croyais mes secrets sentiments,
Si vos mains en ces lieux ont conduit mes enfants...

PALMIRE, *à Séide*.
Que dit-il ? Ses enfants !        1145

ZOPIRE.
Ô mes dieux que j'adore !
Je mourrais du plaisir de les revoir encore.
Arbitre des destins, daignez veiller sur eux ;
Qu'ils pensent comme moi, mais qu'ils soient plus heu-
    reux !

SÉIDE.
Il court à ses faux dieux ! Frappons.
*Il tire son poignard.*

PALMIRE.

Hélas !
                              Que vas-tu faire ?

SÉIDE.
Servir le ciel, te mériter, te plaire.
Ce glaive à notre dieu vient d'être consacré ;
Que l'ennemi de dieu soit par lui massacré !
Marchons. Ne vois-tu pas dans ces demeures sombres
Ces traits de sang, ce spectre, et ces errantes ombres ?

PALMIRE.
Que dis-tu ?

SÉIDE.
Je vous suis, ministres du trépas :
Vous me montrez l'autel ; vous conduisez mon bras.
Allons.

PALMIRE.
Non ; trop d'horreur entre nous deux s'assemble.
Demeure.

SÉIDE.
Il n'est plus temps ; avançons : l'autel tremble.

PALMIRE.
Le ciel se manifeste, il n'en faut pas douter.

SÉIDE.
Me pousse-t-il au meurtre, ou veut-il m'arrêter ?
Du prophète de dieu la voix se fait entendre ;
Il me reproche un cœur trop flexible et trop tendre ;
Palmire !

PALMIRE.
    Eh bien ?

SÉIDE.
        Au ciel adressez tous vos vœux.
Je vais frapper.

*Il sort, et va derrière l'autel où est Zopire.*

PALMIRE.
Je meurs ! Ô moment douloureux !
Quelle effroyable voix dans mon âme s'élève !
D'où vient que tout mon sang malgré moi se soulève ?
Si le ciel veut un meurtre, est-ce à moi d'en juger ?
Est-ce à moi de m'en plaindre, et de l'interroger ?
J'obéis. D'où vient donc que le remords m'accable ?
Ah ! Quel cœur sait jamais s'il est juste ou coupable ?
Je me trompe, ou les coups sont portés cette fois ;
J'entends les cris plaintifs d'une mourante voix.
Séide... hélas ! ...

SÉIDE, *revient d'un air égaré.*
Où suis-je ? Et quelle voix m'appelle ?
Je ne vois point Palmire ; un dieu m'a privé d'elle.

PALMIRE.
Eh quoi ! Méconnais-tu celle qui vit pour toi ?

SÉIDE.
Où sommes-nous ?

PALMIRE.
Eh bien ! Cette effroyable loi,
Cette triste promesse est-elle enfin remplie ?

SÉIDE.
Que me dis-tu ?

PALMIRE.
Zopire a-t-il perdu la vie ?

SÉIDE.
Qui ? Zopire ?

PALMIRE.
Ah ! Grand dieu ! Dieu de sang altéré,
Ne persécutez point son esprit égaré.
Fuyons d'ici.

SÉIDE.
Je sens que mes genoux s'affaissent.
*Il s'assied.*
Ah ! Je revois le jour, et mes forces renaissent.
Quoi ! C'est vous ?

PALMIRE.
Qu'as-tu fait ?

SÉIDE, *se relevant.*
Moi ! Je viens d'obéir...
D'un bras désespéré je viens de le saisir.
Par ses cheveux blanchis j'ai traîné ma victime.
Ô ciel ! Tu l'as voulu ! Peux-tu vouloir un crime ?
Tremblant, saisi d'effroi, j'ai plongé dans son flanc
Ce glaive consacré qui dut verser son sang.
J'ai voulu redoubler ; ce vieillard vénérable
A jeté dans mes bras un cri si lamentable !
La nature a tracé dans ses regards mourants
Un si grand caractère, et des traits si touchants ! ...
De tendresse et d'effroi mon âme s'est remplie,
Et, plus mourant que lui, je déteste ma vie.

PALMIRE.
Fuyons vers Mahomet qui doit nous protéger :
Près de ce corps sanglant vous êtes en danger.
Suivez-moi.

SÉIDE.
Je ne puis. Je me meurs. Ah ! Palmire ! ...

PALMIRE.
Quel trouble épouvantable à mes yeux le déchire !

SÉIDE, *en pleurant.*
Ah ! Si tu l'avais vu, le poignard dans le sein,
S'attendrir à l'aspect de son lâche assassin !
Je fuyais. Croirais-tu que sa voix affaiblie
Pour m'appeler encore a ranimé sa vie ?

Il retirait ce fer de ses flancs malheureux.
Hélas ! Il m'observait d'un regard douloureux.
« Cher Séide, a-t-il dit, infortuné Séide ! »  1205
Cette voix, ces regards, ce poignard homicide,
Ce vieillard attendri, tout sanglant à mes pieds,
Poursuivent devant toi mes regards effrayés.
Qu'avons-nous fait ?

### PALMIRE.
On vient, je tremble pour ta vie.
Fuis au nom de l'amour et du nœud qui nous lie.  1210

### SÉIDE.
Va, laisse-moi. Pourquoi cet amour malheureux
M'a-t-il pu commander ce sacrifice affreux ?
Non, cruelle ! Sans toi, sans ton ordre suprême,
Je n'aurais pu jamais obéir au ciel même.
De quel reproche horrible oses-tu m'accabler !  1215
Hélas ! Plus que le tien mon cœur se sent troubler.
Cher amant, prends pitié de Palmire éperdue !

### SÉIDE.
Palmire ! Quel objet vient effrayer ma vue ?
*Zopire paraît, appuyé sur l'autel, après s'être relevé derrière cet autel où il a reçu le coup.*
C'est cet infortuné luttant contre la mort,
Qui vers nous tout sanglant se traîne avec effort.  1220

### SÉIDE.
Eh quoi ! Tu vas à lui ?

### PALMIRE.
De remords dévorée,
Je cède à la pitié dont je suis déchirée.
Je n'y puis résister ; elle entraîne mes sens.
*Zopire, avançant et soutenu par elle.*
Hélas ! Servez de guide à mes pas languissants !  1225
*Il s'assied.*
Séide, ingrat ! C'est toi qui m'arraches la vie !

Tu pleures ! Ta pitié succède à ta furie !

## SCÈNE V.

ZOPIRE, SÉIDE, PALMIRE, PHANOR.

PHANOR.
Ciel ! Quels affreux objets se présentent à moi !

ZOPIRE.
Si je voyais Hercide !... Ah ! Phanor, est-ce toi ?
Voilà mon assassin.

PHANOR.
Ô crime ! Affreux mystère !
Assassin malheureux, connaissez votre père !

SÉIDE.
Qui ?

PALMIRE.
Lui ?

SÉIDE.
Mon père ?

ZOPIRE.
Ô ciel !

PHANOR.
Hercide est expirant :
Il me voit, il m'appelle, il s'écrie en mourant :
« S'il en est encor temps, préviens un parricide ;
Cours arracher ce fer à la main de Séide.
Malheureux confident d'un horrible secret,
Je suis puni, je meurs des mains de Mahomet :
Cours, hâte-toi d'apprendre au malheureux Zopire
Que Séide est son fils, et frère de Palmire. »

SÉIDE.
Vous !  1240

PALMIRE.
Mon frère ?

ZOPIRE.
Ô mes fils ! ô nature ! ô mes dieux !
Vous ne me trompiez pas quand vous parliez pour eux.
Vous m'éclairiez sans doute. Ah ! Malheureux Séide !
Qui t'a pu commander cet affreux homicide ?

SÉIDE, *se jetant à genoux.*
L'amour de mon devoir et de ma nation,
Et ma reconnaissance, et ma religion ;
Tout ce que les humains ont de plus respectable
M'inspira des forfaits le plus abominable.
Rendez, rendez ce fer à ma barbare main.
Palmire, à genoux, arrêtant le bras de Séide.
Ah, mon père ! Ah, seigneur ! Plongez-le dans mon sein.
J'ai seule à ce grand crime encouragé Séide ;
L'inceste était pour nous le prix du parricide.

SÉIDE.
Le ciel n'a point pour nous d'assez grands châtiments.
Frappez vos assassins.

ZOPIRE, *en les embrassant.*
J'embrasse mes enfants.
Le ciel voulut mêler, dans les maux qu'il m'envoie,
Le comble des horreurs au comble de la joie.
Je bénis mon destin ; je meurs, mais vous vivez.
Ô vous, qu'en expirant mon cœur a retrouvés,
Séide, et vous, Palmire, au nom de la nature,
Par ce reste de sang qui sort de ma blessure,
Par ce sang paternel, par vous, par mon trépas,
Vengez-vous, vengez-moi ; mais ne vous perdez pas.
L'heure approche, mon fils, où la trêve rompue
Laissait à mes desseins une libre étendue :

Les dieux de tant de maux ont pris quelque pitié ; 1265
Le crime de tes mains n'est commis qu'à moitié.
Le peuple avec le jour en ces lieux va paraître ;
Mon sang va les conduire ; ils vont punir un traître.
Attendons ces moments.
      SÉIDE.
       Ah ! Je cours de ce pas
Vous immoler ce monstre, et hâter mon trépas ; 1270
Me punir, vous venger.

## SCÈNE VI.

ZOPIRE, SÉIDE, PALMIRE, PHANOR, OMAR, suite.

OMAR.
Qu'on arrête Séide !
Secourez tous Zopire ; enchaînez l'homicide.
Mahomet n'est venu que pour venger les lois.

ZOPIRE.
Ciel ! Quel comble du crime ! Et qu'est-ce que je vois ?

SÉIDE.
Mahomet me punir ? 1275

PALMIRE.
Eh quoi ! Tyran farouche,
Après ce meurtre horrible ordonné par ta bouche !

OMAR.
On n'a rien ordonné.

SÉIDE.
Va, j'ai bien mérité
Cet exécrable prix de ma crédulité.

OMAR.
Soldats, obéissez.

PALMIRE.
Non ; arrêtez. Perfide !

OMAR.
Madame, obéissez, si vous aimez Séide. 1280
Mahomet vous protège, et son juste courroux,
Prêt à tout foudroyer, peut s'arrêter par vous.
Auprès de votre roi, madame, il faut me suivre.

PALMIRE.
Grand dieu ! De tant d'horreurs que la mort me délivre !
*On emmène Palmire et Séide.*

ZOPIRE, à PHANOR.
On les enlève ! Ô ciel ! Ô père malheureux !
Le coup qui m'assassine est cent fois moins affreux.

PHANOR.
Déjà le jour renaît ; tout le peuple s'avance ;
On s'arme, on vient à vous, on prend votre défense.

ZOPIRE.
Quoi ! Séide est mon fils !

PHANOR.
    N'en doutez point.

ZOPIRE.
               Hélas !
Ô forfaits ! Ô nature !... Allons, soutiens mes pas,
Je meurs. Sauvez, grands dieux ! De tant de barbarie
Mes deux enfants que j'aime, et qui m'ôtent la vie.

# ACTE V

## SCÈNE I.

#### MAHOMET, OMAR ; suite, *dans le fond*.

#### OMAR.
Zopire est expirant, et ce peuple éperdu
Levait déjà son front dans la poudre abattu.
Tes prophètes et moi, que ton esprit inspire,     1295
Nous désavouons tous le meurtre de Zopire.
Ici, nous l'annonçons à ce peuple en fureur
Comme un coup du très-haut qui s'arme en ta faveur ;
Là, nous en gémissons ; nous promettons vengeance :
Nous vantons ta justice, ainsi que ta clémence.     1300
Partout on nous écoute, on fléchit à ton nom ;
Et ce reste importun de la sédition
N'est qu'un bruit passager de flots après l'orage,
Dont le courroux mourant frappe encor le rivage
Quand la sérénité règne aux plaines du ciel.     1305

#### MAHOMET.
Imposons à ces flots un silence éternel.
As-tu fait des remparts approcher mon armée ?

#### OMAR.
Elle a marché la nuit vers la ville alarmée ;
Osman la conduisait par de secrets chemins.

#### MAHOMET.
Faut-il toujours combattre, ou tromper les humains !     1310
Séide ne sait point qu'aveugle en sa furie
Il vient d'ouvrir le flanc dont il reçut la vie ?

#### OMAR.
Qui pourrait l'en instruire ? Un éternel oubli
Tient avec ce secret Hercide enseveli :

Séide va le suivre, et son trépas commence.  1315
J'ai détruit l'instrument qu'employa ta vengeance.
Tu sais que dans son sang ses mains ont fait couler
Le poison qu'en sa coupe on avait su mêler.
Le châtiment sur lui tombait avant le crime ;
Et tandis qu'à l'autel il traînait sa victime,
Tandis qu'au sein d'un père il enfonçait son bras,
Dans ses veines, lui-même, il portait son trépas.
Il est dans la prison, et bientôt il expire.
Cependant en ces lieux j'ai fait garder Palmire.
Palmire à tes desseins va même encor servir :
Croyant sauver Séide, elle va t'obéir.
Je lui fais espérer la grâce de Séide.
Le silence est encor sur sa bouche timide ;
Son cœur toujours docile, et fait pour t'adorer,
En secret seulement n'osera murmurer.
Législateur, prophète, et roi dans ta patrie,
Palmire achèvera le bonheur de ta vie.
Tremblante, inanimée, on l'amène à tes yeux.

MAHOMET.
Va rassembler mes chefs, et revole en ces lieux.

## SCÈNE II.

MAHOMET, PALMIRE ; suite de Palmire et de Mahomet.

PALMIRE.
Ciel ! Où suis-je ? Ah, grand dieu !                    1335

MAHOMET.
                    Soyez moins consternée ;
J'ai du peuple et de vous pesé la destinée,
Le grand événement qui vous remplit d'effroi,
Palmire, est un mystère entre le ciel et moi.
De vos indignes fers à jamais dégagée,
Vous êtes en ces lieux libre, heureuse, et vengée.                    1340
Ne pleurez point Séide, et laissez à mes mains
Le soin de balancer le destin des humains.
Ne songez plus qu'au vôtre ; et si vous m'êtes chère,
Si Mahomet sur vous jeta des yeux de père,
Sachez qu'un sort plus noble, un titre encor plus grand,                    1345
Si vous le méritez, peut-être vous attend.
Portez vos yeux hardis au faîte de la gloire ;
De Séide et du reste étouffez la mémoire :
Vos premiers sentiments doivent tous s'effacer
À l'aspect des grandeurs où vous n'osiez penser.                    1350
Il faut que votre cœur à mes bontés réponde,
Et suive en tout mes lois, lorsque j'en donne au monde.

PALMIRE.
Qu'entends-je ? Quelles lois, ô ciel ! Et quels bienfaits !
Imposteur teint de sang, que j'abjure à jamais,
Bourreau de tous les miens, va, ce dernier outrage                    1355
Manquait à ma misère, et manquait à ta rage.
Le voilà donc, grand dieu ! Ce prophète sacré,

Ce roi que je servis, ce dieu que j'adorai !
Monstre, dont les fureurs et les complots perfides
De deux cœurs innocents ont fait deux parricides ;
De ma faible jeunesse infâme séducteur,
Tout souillé de mon sang, tu prétends à mon cœur ?
Mais tu n'as pas encore assuré ta conquête ;
Le voile est déchiré, la vengeance s'apprête.
Entends-tu ces clameurs ? Entends-tu ces éclats ?
Mon père te poursuit des ombres du trépas.
Le peuple se soulève ; on s'arme en ma défense ;
Leurs bras vont à ta rage arracher l'innocence.
Puissé-je de mes mains te déchirer le flanc,
Voir mourir tous les tiens, et nager dans leur sang !
Puissent la Mecque ensemble, et Médine, et l'Asie,
Punir tant de fureur et tant d'hypocrisie ?
Que le monde, par toi séduit et ravagé,
Rougisse de ses fers, les brise, et soit vengé !
Que ta religion, qui fonda l'imposture,
Soit l'éternel mépris de la race future !
Que l'enfer, dont tes cris menaçaient tant de fois
Quiconque osait douter de tes indignes lois ;
Que l'enfer, que ces lieux de douleur et de rage,
Pour toi seul préparés, soient ton juste partage !
Voilà les sentiments qu'on doit à tes bienfaits,
L'hommage, les serments, et les vœux que je fais !

    Mahomet.

Je vois qu'on m'a trahi ; mais quoi qu'il en puisse être,
Et qui que vous soyez, fléchissez sous un maître.
Apprenez que mon cœur…

## SCÈNE III.

### MAHOMET, PALMIRE, OMAR, ALI, suite.

OMAR.
On sait tout, Mahomet :
Hercide en expirant révéla ton secret.
Le peuple en est instruit ; la prison est forcée ;
Tout s'arme, tout s'émeut : une foule insensée,
Élevant contre toi ses hurlements affreux,
Porte le corps sanglant de son chef malheureux.  1390
Séide est à leur tête ; et, d'une voix funeste,
Les excite à venger ce déplorable reste.
Ce corps, souillé de sang, est l'horrible signal
Qui fait courir ce peuple à ce combat fatal.
Il s'écrie en pleurant : " je suis un parricide ! "  1395
La douleur le ranime, et la rage le guide.
Il semble respirer pour se venger de toi.
On déteste ton dieu, tes prophètes, ta loi.
Ceux même qui devaient dans la Mecque alarmée
Faire ouvrir, cette nuit, la porte à ton armée,  1400
De la fureur commune avec zèle enivrés,
Viennent lever sur toi leurs bras désespérés.
On n'entend que les cris de mort et de vengeance.

PALMIRE.
Achève, juste ciel ! Et soutiens l'innocence.
Frappe.  1405

MAHOMET, *à Omar.*
Eh bien ! Que crains-tu ?

OMAR.
Tu vois quelques amis,
Qui contre les dangers comme moi raffermis,

Mais vainement armés contre un pareil orage,
Viennent tous à tes pieds mourir avec courage.

MAHOMET.

Seul je les défendrai. Rangez-vous près de moi,
Et connaissez enfin qui vous avez pour roi.

## SCÈNE IV.

MAHOMET, OMAR, *sa suite, d'un côté* ; SÉIDE *et le peuple, de l'autre* ; PALMIRE, *au milieu*.

SÉIDE, *un poignard à la main, mais déjà affaibli par le poison.*
Peuple, vengez mon père, et courez à ce traître.

MAHOMET.
Peuple, né pour me suivre, écoutez votre maître.

SÉIDE.
N'écoutez point ce monstre, et suivez-moi... grands dieux !
Quel nuage épaissi se répand sur mes yeux !
*il avance, il chancelle.*
Frappons... ciel ! Je me meurs. 1415

MAHOMET.
          Je triomphe.

PALMIRE, *courant à lui.*
                  Ah, mon frère !
N'auras-tu pu verser que le sang de ton père ?

SÉIDE.
Avançons. Je ne puis... quel dieu vient m'accabler ?
*Il tombe entre les bras des siens.*

MAHOMET.
Ainsi tout téméraire à mes yeux doit trembler.
Incrédules esprits, qu'un zèle aveugle inspire,
Qui m'osez blasphémer, et qui vengez Zopire, 1420
Ce seul bras que la terre apprit à redouter,
Ce bras peut vous punir d'avoir osé douter.

Dieu qui m'a confié sa parole et sa foudre,
Si je me veux venger, va vous réduire en poudre.
Malheureux ! Connaissez son prophète et sa loi,
Et que ce dieu soit juge entre Séide et moi.
De nous deux, à l'instant, que le coupable expire !

### PALMIRE.
Mon frère ! Eh quoi ! Sur eux ce monstre a tant d'empire !
Ils demeurent glacés, ils tremblent à sa voix.
Mahomet, comme un dieu, leur dicte encor ses lois :
Et toi, Séide, aussi !

### SÉIDE, *entre les bras des siens.*
Le ciel punit ton frère.
Mon crime était horrible autant qu'involontaire ;
En vain la vertu même habitait dans mon cœur.
Toi, tremble, scélérat ! Si dieu punit l'erreur,
Vois quel foudre il prépare aux artisans des crimes :
Tremble ; son bras s'essaie à frapper ses victimes.
Détournez d'elle, ô dieu ! Cette mort qui me suit !

### PALMIRE.
Non, peuple, ce n'est point un dieu qui le poursuit ;
Non ; le poison sans doute...

### MAHOMET, *en l'interrompant, et s'adressant au peuple.*
Apprenez, infidèles,
À former contre moi des trames criminelles :
Aux vengeances des cieux reconnaissez mes droits.
La nature et la mort ont entendu ma voix.
La mort, qui m'obéit, qui, prenant ma défense,
Sur ce front pâlissant a tracé ma vengeance ;
La mort est, à vos yeux, prête à fondre sur vous.
Ainsi mes ennemis sentiront mon courroux ;
Ainsi je punirai les erreurs insensées,
Les révoltes du cœur, et les moindres pensées.
Si ce jour luit pour vous, ingrats, si vous vivez,
Rendez grâce au pontife à qui vous le devez.

Fuyez, courez au temple apaiser ma colère.
*Le peuple se retire.*

PALMIRE, *revenant à elle.*

Arrêtez. Le barbare empoisonna mon frère.
Monstre, ainsi son trépas t'aura justifié !
À force de forfaits tu t'es déifié.
Malheureux assassin de ma famille entière, 1455
Ôte-moi de tes mains ce reste de lumière.
Ô frère ! ô triste objet d'un amour plein d'horreurs !
Que je te suive au moins !
*Elle se jette sur le poignard de son frère, et s'en frappe.*

MAHOMET.
Qu'on l'arrête !

PALMIRE.
Je meurs.
Je cesse de te voir, imposteur exécrable.
Je me flatte, en mourant, qu'un dieu plus équitable 1460
Réserve un avenir pour les cœurs innocents.
Tu dois régner ; le monde est fait pour les tyrans.

MAHOMET.
Elle m'est enlevée... Ah ! Trop chère victime !
Je me vois arracher le seul prix de mon crime.
De ses jours pleins d'appas détestable ennemi, 1465
Vainqueur et tout-puissant, c'est moi qui suis puni.
Il est donc des remords ! Ô fureur ! Ô justice !
Mes forfaits dans mon cœur ont donc mis mon supplice !
Dieu, que j'ai fait servir au malheur des humains,
Adorable instrument de mes affreux desseins, 1470
Toi que j'ai blasphémé, mais que je crains encore,
Je me sens condamné, quand l'univers m'adore.
Je brave en vain les traits dont je me sens frapper.
J'ai trompé les mortels, et ne puis me tromper.
Père, enfants malheureux, immolés à ma rage, 1475
Vengez la terre et vous, et le ciel que j'outrage.

Arrachez-moi ce jour, et ce perfide cœur,
Ce cœur né pour haïr, qui brûle avec fureur.
   *À Omar.*
Et toi, de tant de honte étouffe la mémoire ;
Cache au moins ma faiblesse, et sauve encor ma gloire :
Je dois régir en dieu l'univers prévenu ;
Mon empire est détruit si l'homme est reconnu.